일러스트와 인포그래픽으로 만나는 선사시대 문화와 생활사

나의 첫 유물 박물관 〖선사시대관〗

ⓒ 최경원, 2023

1판 1쇄 펴낸날 2023년 11월 15일
1판 2쇄 펴낸날 2024년 12월 30일

글·그림 최경원
펴낸이 이은영 총괄 이정욱 출판팀 이지선·이정아·이지수 디자인 오수경
펴낸곳 빨간콩 등록 2020년 7월 9일(제25100-2020-000042)
주소 서울시 노원구 동일로 242길 87 2F 전화 02) 933-8050
전자우편 reddot2019@naver.com 블로그 blog.naver.com/reddot2019
ISBN 979-11-91864-28-1 73910

※ 신저작권법에 따라 한국 내에서 보호를 받는 저작물이므로 무단 전재와 무단 복제, 전송, 배포 등을 금합니다.

한걸음 한국사 1

일러스트와 인포그래픽으로 만나는 선사시대 문화와 생활사

나의 첫 유물 박물관

선사 시대관

최경원 글×일러스트×인포그래픽

차례

구석기 시대의 스마트 도구
주먹도끼 • 08

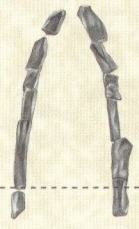

후기 구석기 시대의 최첨단 무기
좀돌날 • 16

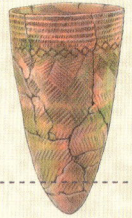

신석기 시대의 스타 플레이어
빗살무늬토기 • 22

신석기 농업혁명의 증거
갈돌과 갈판 • 32

신석기 인체공학의 정수
반달형 돌칼 • 38

시대를 넘어선 도구
돌도끼날과 도낏자루 • 46

최고로 아름다운 최초의 청동검
비파형 동검 • 52

실전 기능이 강화된 청동검
한국식 동검 • 60

선사
시대

청동기 시대의 유일한 생활용품
09 청동거울과 거푸집 · 68

청동기 시대에 만들어졌던 아름다운 석기
10 구멍무늬가 있는 석검 · 76

자연으로 만든 도구
11 돌자귀 자루 · 84

하늘을 나는 그릇
12 오리모양토기 · 92

고조선 이후 시대의 모더니즘
13 새 조각 뚜껑을 가진 토기 · 104

삼한 시대의 표현주의 추상
14 새 조각 뚜껑을 가진 토기 2 · 110

두 손으로 잡는 쇠뿔
15 뿔손잡이토기 · 118

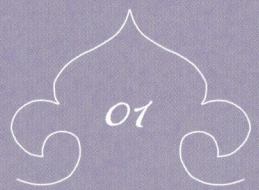

구석기 시대의 스마트 도구
주먹도끼

주먹도끼는 구석기 시대를 대표하는 유물입니다. 굴러다니는 돌과 구별되지 않는 거친 모양 때문에 원시적인 도구로 보기 쉽습니다. 하지만 이 거친 돌멩이 안에는 그냥 봐서는 알기 어려운 첨단의 기능과 빙하기에 대응했던 구석기인들의 스마트함이 녹아들어 있습니다. 그것은 오늘을 살고 있는 우리에게 많은 교훈이 될 만합니다. 과연 이 주먹도끼 안에는 어떤 비밀이 숨어 있을까요?

구석시 시대 · 돌

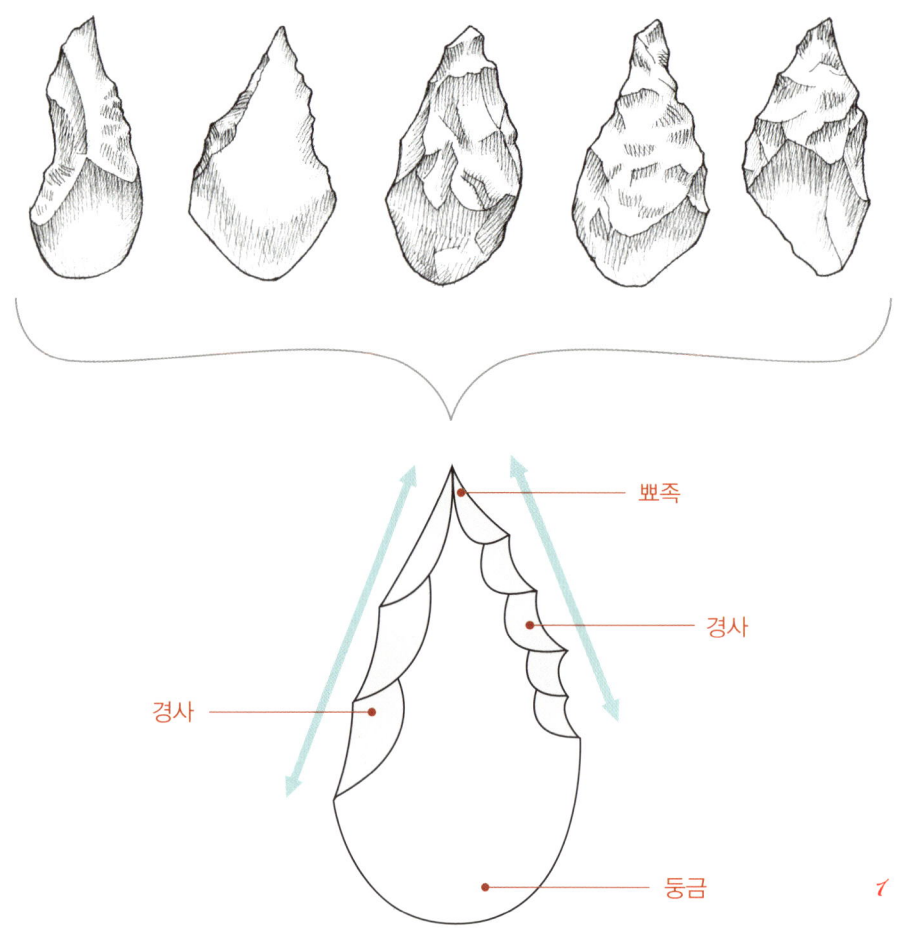

1 여러 종류의 주먹도끼와 주먹도끼의 기본 구조

주먹도끼는 구석기 시대에 만들어졌던 유물 중 가장 널리 알려져 있습니다. 아마 책이나 박물관에서 한 번쯤은 본 적이 있을 거예요. 그렇지만 대부분 들판에서 아무 돌이나 주워다 놓은 것처럼 보입니다. 이름이 주먹도끼니까 그저 원시시대에 만들어진 도구로 볼 뿐, 별생각 없이 지나치게 됩니다.

하지만 보기와는 달리 이 돌덩어리에는 대단히 기능적이고, 구석기 시대의 어려운 환경을 극복하며 살았던 사람들의 슬기로움이 가득 담겨 있습니다. 그것은 일차적으로 이 주먹도끼의 디자인에 잘 표현되어 있지요. 그냥 주워 온 돌덩어리처럼 보이는데, 무슨 디자인이냐고요? 이 돌도끼를 눈에 보이는 대로, 그저 선사 시대에 만들어진 원시적인 도구로만 대하면 잘 보이지 않습니다. 하지만 세심하게 살펴보면 그 비밀이 드러납니다.

주먹도끼는 세계 여러 지역에서 만들어졌고, 그만큼 형태가 여러 가지입니다. 같은 지역에서 출토된 것들도 서로 다르게 생겼습니다. 하지만 구조적으로 공통점이 있습니다. 대체로 아래가 둥글고 넓은 반면, 위쪽은 삼각형 모양으로 뾰족합니다.

좀 더 자세히 살펴보면, 맨 위쪽은 그냥 뾰족한 게 아니라 찔리면 상처가 날 정도로 뾰족합니다. 비스듬하게 경사진 양쪽 옆면은 돌이 날카롭게 깨져 나가 칼같이 예리한 것도 있고, 계단처럼 울퉁불퉁한 것

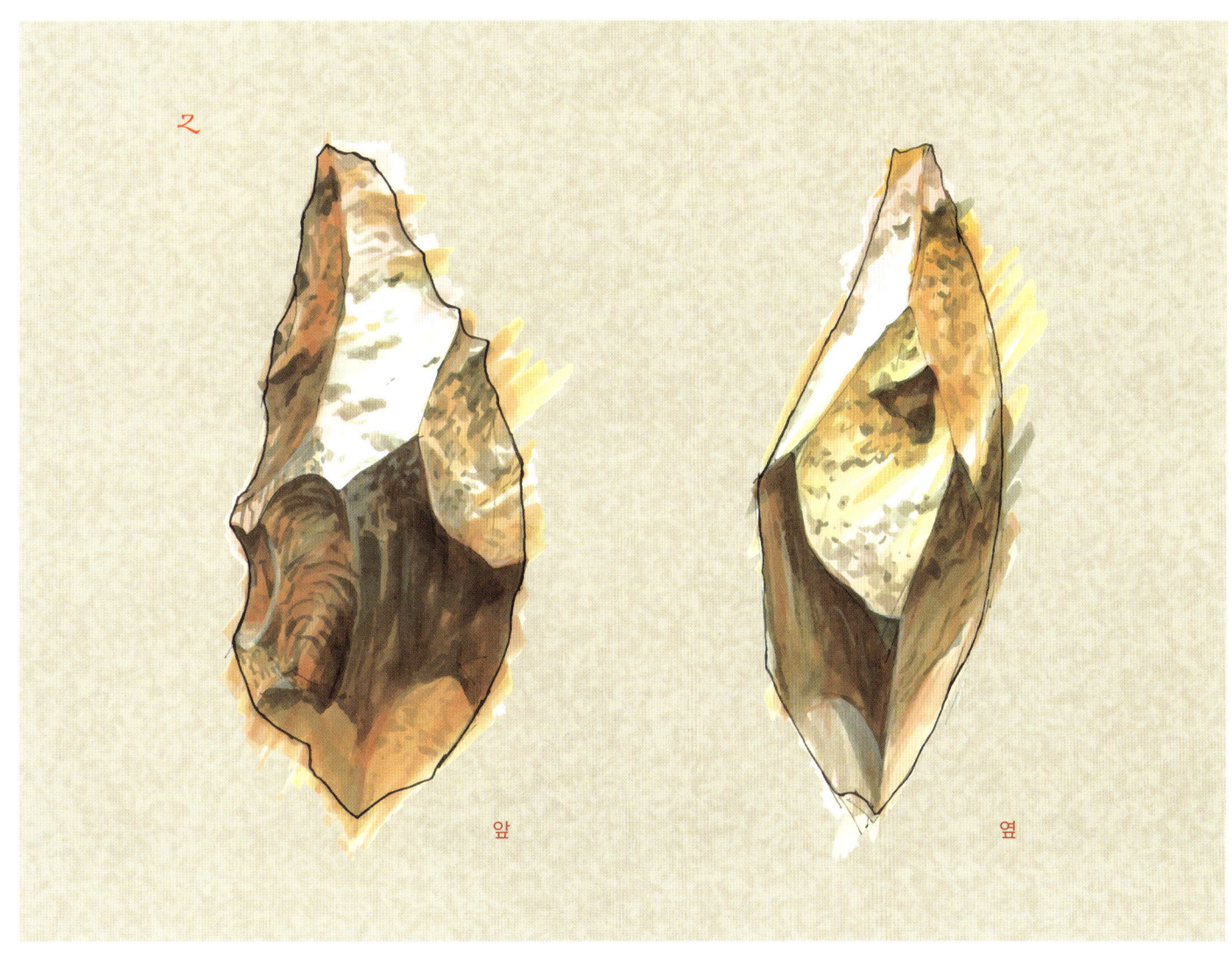

앞   옆

도 있습니다. 아래쪽은 대부분 둥그스름한 모양입니다. 이렇게 주먹도끼가 일정한 구조로 되어 있다는 것은 분명한 쓰임새에 따라 만들어졌다는 것을 말해 줍니다. 쓰임새를 생각하고 다시 보면 주먹도끼의 각 부분들이 필요한 용도에 적합하게 만들어졌으며, 구석기 시대에는 아주 유용한 도구였다는 것을 알 수 있습니다.

각 부분을 용도별로 살펴볼까요? 맨 위의 뾰족한 부분은 나무나 뼈에 무엇을 새기거나, 땅을 파는 데에 사용할 수 있습니다. 주로 송곳 같은 역할을 했지요. 경사진 날카로운 옆면은 고기나 나무 등을 자르는 데에 사용할 수 있습니다. 날카로운 돌은 생각보다 단단해서 충분히 칼처럼 사용할 수 있습니다. 울퉁불퉁하게 만들어진 옆면은 무엇을 긁어내거나 고기를 밀거나 펴는 데에 사용할 수 있습니다. 톱의 기능도 했을 것 같습니다.

무엇보다 여러 가지 용도로 사용할 수 있는 도구를 하나의 덩어리로 만들었다는 것이 놀랍습니다. 선사 시대에 만들었던 도구치고는 너무나 첨단이어서 선사 시대에 대한 우리의 선입견을 무너뜨립니다.

주먹도끼는 다용도로 쓰이던 도구였습니다. 돌의 모든 부분이 제각각의 기능을 수행할 수 있도록 디

2 앞에서 보면 넓고 옆에서 보면 얇은 주먹도끼

뚫기

자르기 긁기, 썰기

3

4

5

자인한 아이디어가 아주 뛰어납니다. 그래서 이 주먹도끼는 종종 스위스의 군용 칼, 이른바 맥가이버 칼에 비유되기도 합니다.

그런데 주먹도끼의 아랫부분은 아무런 용도 없이 그냥 둥글게 만들어져 있습니다. 손으로 잡는 부분이라서 그렇습니다. 박물관에 있는 주먹도끼 복제품을 손으로 잡아 보면 거친 모양과는 다르게 잡는 느낌이 좋습니다. 일부러 자갈돌의 반질반질한 부분을 깨지 않고 남겨 놓아 손으로 잡기에 더 부드럽게 만든 주먹도끼도 있습니다. 요즘 식으로 말하자면 인체공학적으로 만든 것입니다. 구석기 시대의 유물에서 인체공학적인 배려를 볼 수 있다는 것은 정말 놀라운 일입니다. 거친 모양 속에 그런 세심한 사용의 편리성을 숨겨 놓은 구석기인들의 솜씨에 감탄을 금할 수가 없습니다.

그런데 많은 고고학자가 주먹도끼 같은 구석기 시대의 뗀석기*들이 매끈하게 만들어진 신석기 시대의 간석기*들보다 제작 기술이 뒤떨어졌다고 설명합니다. 사실 생각해 보면 돌을 깨는 것과 가는 것의 기술적 차이는 크지 않습니다. 그냥 많은 시간을 들여 돌을 갈면 간석기처럼 만들어집니다. 거칠게 만들어졌다고 해서 구석기 시대의 도구들이 기능적으로 뒤떨어지는 것도 아닙니다. 오히려 하나의 도구를 여러 가지 용도로 쓸 수 있다는 점에서는 구석기 시대의 주먹도끼가 더 뛰어납니다.

게다가 주먹도끼는 굴러다니는 돌을 주워 몇 번

---

3 다기능의 주먹도끼
4 다기능의 스위스 군용칼
5 손으로 잡기 편한 인체공학적인 주먹도끼

뗀석기 구석기 시대에, 돌을 깨서 만든 돌연장
간석기 신석기 시대에, 날 부분이나 면을 갈아서 만든 석기

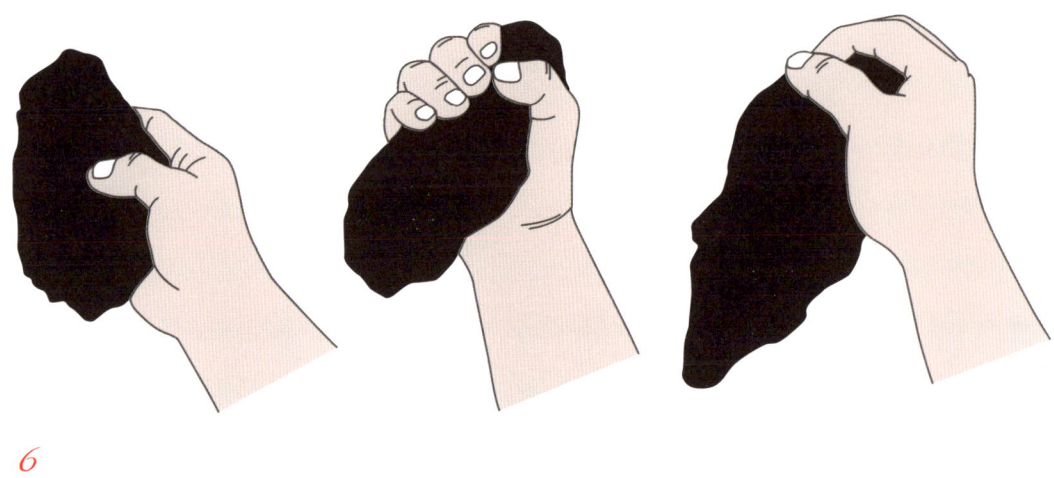

6

때려 쳐서 필요 없는 부분을 떼어 내면 만들어집니다. 기능적으로도 뛰어난데, 만들기도 쉽습니다. 여기에 비하면 단단한 돌을 갈아서 만든 신석기 시대의 도구가 더 비효율적으로 보입니다.

그래서 무조건 겉모습만 보고 원시적이고 낙후되었다고 보는 것은 옳지 않습니다. 그것보다는 구석기 시대에는 왜 돌을 갈지 않고 깨서 도구를 만들었는지를 생각할 필요가 있습니다.

구석기 시대 대부분은 빙하기였습니다. 지구 전체가 얼음으로 덮여 꽁꽁 얼어붙어 있던 시기였지요. 그래서 빙하기에는 사람들이 먹을거리를 얻기 위해서 끊임없이 이동하며 살아야 했습니다. 그러니 돌로 만든 무거운 주먹도끼를 들고 다닐 수는 없었을 것입니다. 아마도 필요할 때마다 간단히 만들어 쓰고 이동할 때는 버렸을 것입니다.

그런 상황을 생각하면 성능이 뛰어난 주먹도끼를 왜 거친 모양으로 만들었는지 알 수 있습니다. 말하자면 주먹도끼는 '일회용' 도구였던 것입니다. 주변에서 쉽게 구할 수 있는 흔한 돌을 조금 깨고 다듬어서 다용도로 사용할 수 있었으니, 가장 합리적으로 디자인된 도구라 할 수 있습니다. 오늘날의 그 어떤 도구가 이렇게 쉽고 저렴하게, 또한 유용하게 만들어질 수 있을까요?

그런 점에서 주먹도끼는 구석기 시대의 최첨단 도구이며, 지적으로 가장 뛰어난 디자인이라고 할 수 있습니다.

---

6 다양한 방식으로 쥐고 사용했던 주먹도끼

후기 구석기 시대의 최첨단 무기
좀돌날

좀돌날은 구석기 시대 후기에 만들어진 도구입니다. 워낙 작고 모양도 특이하지 않아서 그다지 눈길을 끌지 못하는 유물입니다. 하지만 작은 돌날들이 모여서 큰 칼이 되는 것을 보면, 제한된 재료와 기술로 가장 효율적이고 유용한 것을 만들고자 했던 구석기 시대 사람들의 절박함과 지혜가 엿보입니다. 과연 이 작은 좀돌날들은 어떻게 칼이 될 수 있었을까요?

구석시 시대 · 돌

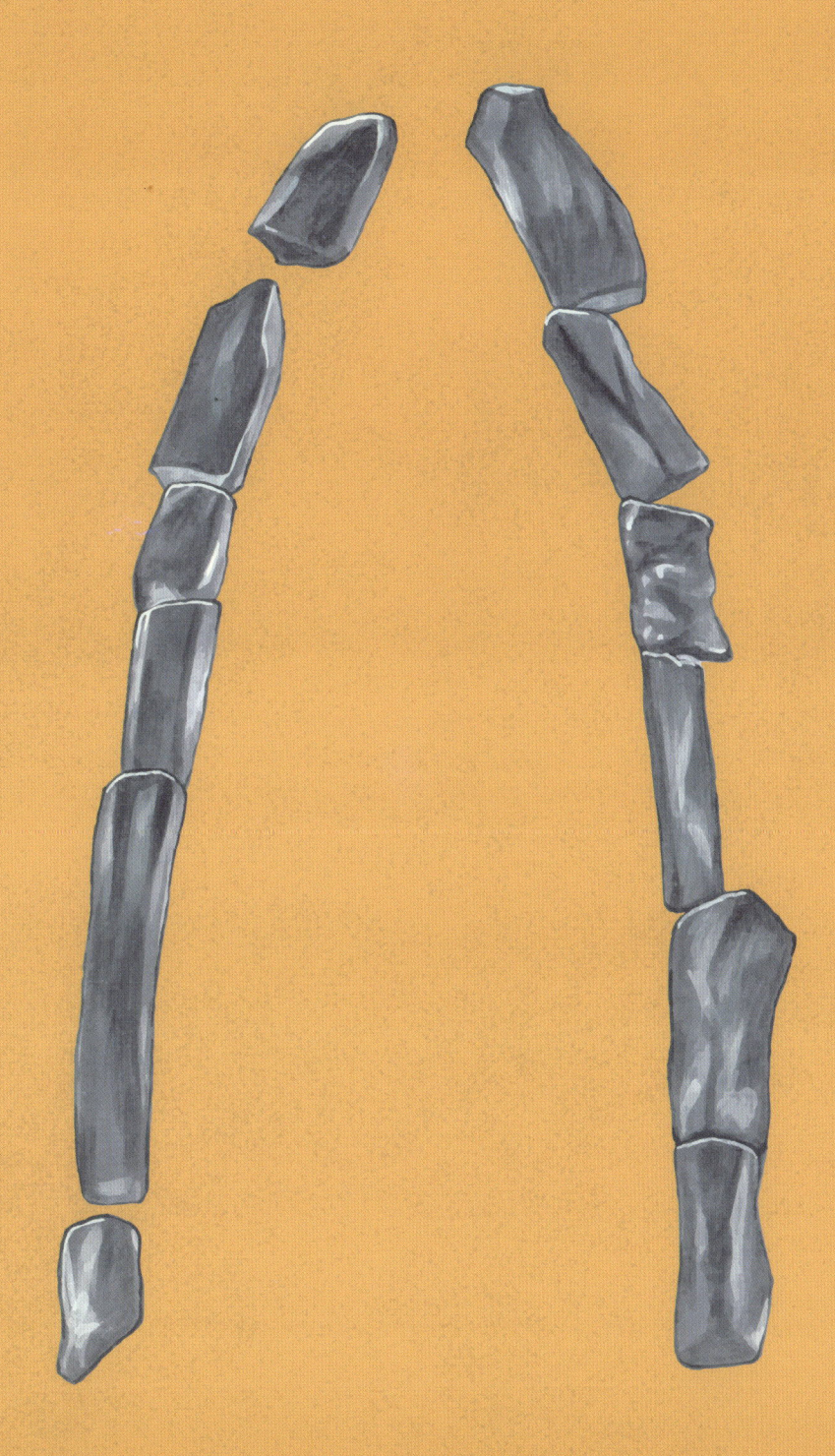

주먹도끼만큼 존재감이 있는 구석기 시대의 유물이 별로 없다 보니, 박물관에서도 구석기 시대의 유물들은 보는 둥 마는 둥 하면서 빨리 지나가게 됩니다. 구석기 시대 후기로 갈수록 기능이 세분화되면서 크기가 작아지기 때문에 더욱더 그렇게 됩니다. 그런데 알고 보면 아주 재미있는 유물이 하나 있습니다. '좀돌날'이라고 불리는 유물입니다. 어두운색의 돌로 만들어진, 이름처럼 좀스럽게 만들어진 돌날입니다. 박물관에 가면 보통 여러 개의 좀돌날을 나란히 진열해 놓는데, 자세히 보지 않으면 날카롭게 만들어진 날이기보다는 작은 돌조각들을 늘어놓은 것처럼 보입니다. 그래서 시선을 많이 끌지는 못합니다. 그런데 이런 좀돌날들이 어떻게 사용되었는지를 생각해 보면 이 유물은 아주 흥미롭게 다가옵니다.

이 좀돌날은 그림에서 보는 것처럼 너무 작아서 따로 하나씩 사용하기는 어렵습니다. 하지만 여러 개를 모으면 아주 유용하게 사용할 수 있습니다. 가령 칼이나 창 모양으로 만들어진 나무나 뼈 등에 날카롭고 작은 좀돌날들을 붙이면 칼처럼 긴 날이 만들어져서 훌륭한 도구나 무기가 됩니다.

작은 돌조각 하나는 미미하기 짝이 없지만, 작은 조각들을 모아서 함께 쓰면 엄청난 기능을 발휘하게 됩니다. 작은 돌조각들에서 어떻게 이런 효용성을 끌어낼 생각을 했을까요. 지금의 시각에서 보더라도 작은 돌조각들을 모아 최고의 기능성을 끌어낸 아이디어와 실용적인 감각이 돋보입니다. 하지만 다른 측면에서 보면 그만큼 구석기 시대의 삶이 절박하고 위태로웠던 것 같습니다. 그래서 이 좀돌날을 보면 구석기 시대라는 한계 안에서도 생존을 위한 최대의 효용성을 끌어냈던 당시 사람들의 지혜와 삶의 긴장감이 동시에 느껴집니다.

그런데 의문이 하나 생깁니다. 창이나 칼을 만들려면 큰 돌로 만드는 것이 더 좋았을 텐데, 왜 굳이 작은 돌조각들을 이어 붙여서 만들었을까요? 적을 공격하려고 했다면 큰 돌로 만들어진 무기가 오히려 더 큰 피해를 줄 수 있었을 텐데 말입니다.

----

1 조각돌을 끼워 만든 칼

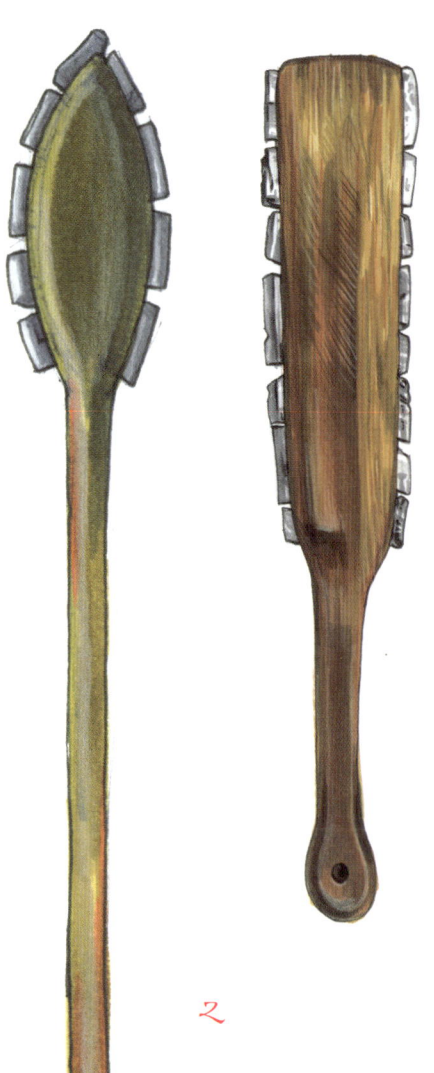

거기에는 돌의 강도 문제가 있었습니다. 좀돌날은 대체로 일반적인 돌보다는 색이 어둡고 표면에 광택이 많습니다. 그것은 입자가 정교하고 단단한 '유문암'이나 '흑요석' 등으로 만들어졌기 때문입니다. 이런 종류의 돌들은 유리질이 가미되어 있어서 강도가 높습니다. 그래서 같이 부딪히면 일반 돌들이 파괴됩니다. 그러니 공격했을 때 상대방에게 더 큰 피해를 줄 수 있습니다.

게다가 큰 돌로 만들어진 무기는 한 번 파손되면 회복할 수 없습니다. 하지만 좀돌날들로 만들어진 칼과 창은 설사 날의 일부가 파손된다고 하더라도 다른 좀돌날로 쉽게 대체할 수 있습니다. 좀돌날은 흑요석 같은 재료를 단단한 것으로 눌러서 뚝뚝 끊어 내듯이 만들 수 있기 때문에 제작이 쉽습니다. 그러니 일반적인 돌로 만들어진 무기와 기능적으로나 경제적으로나 비교할 수 없을 만큼 뛰어납니다. 단단하고 만들기가 쉬우니 무기로서는 대단한 장점입니다. 그래서 금속재료가 등장하기 전까지는 흑요석 등으로 만들어진 좀돌날 무기가 가장 강력한 첨단의 무기였습니다. 이렇게 좀돌날로 만들어진 무기는 남아메리카 같은 곳에서는 중세까지 사용되었습니다.

비록 구석기 시대의 유물이기는 하지만, 이 좀돌날을 통해 재료의 물성을 잘 이해하고 그것을 최대한으로 활용했던 당시 사람들의 지혜를 절실히 느낄 수 있습니다.

2 남아메리카의 좀돌날칼

신석기 시대의 스타 플레이어
빗살무늬토기

빗살무늬토기는 신석기 시대를 대표하는 유물로 알려져 있습니다. 석기가 아닌 토기가 석기시대를 대표한다는 게 생각해 보면 아주 이상한 일인데, 이 토기 안에 무언가 대단한 게 있기 때문일 것입니다. 하지만 '빗살무늬'라는 이름에 가려 그 참모습이 잘 안 보입니다. 이름을 지우고 이 토기를 보면 신석기 시대의 척박한 모습이 아닌, 지금까지와는 완전히 다른 현대적인 모습이 나타납니다.

신석기 시대 · 토기

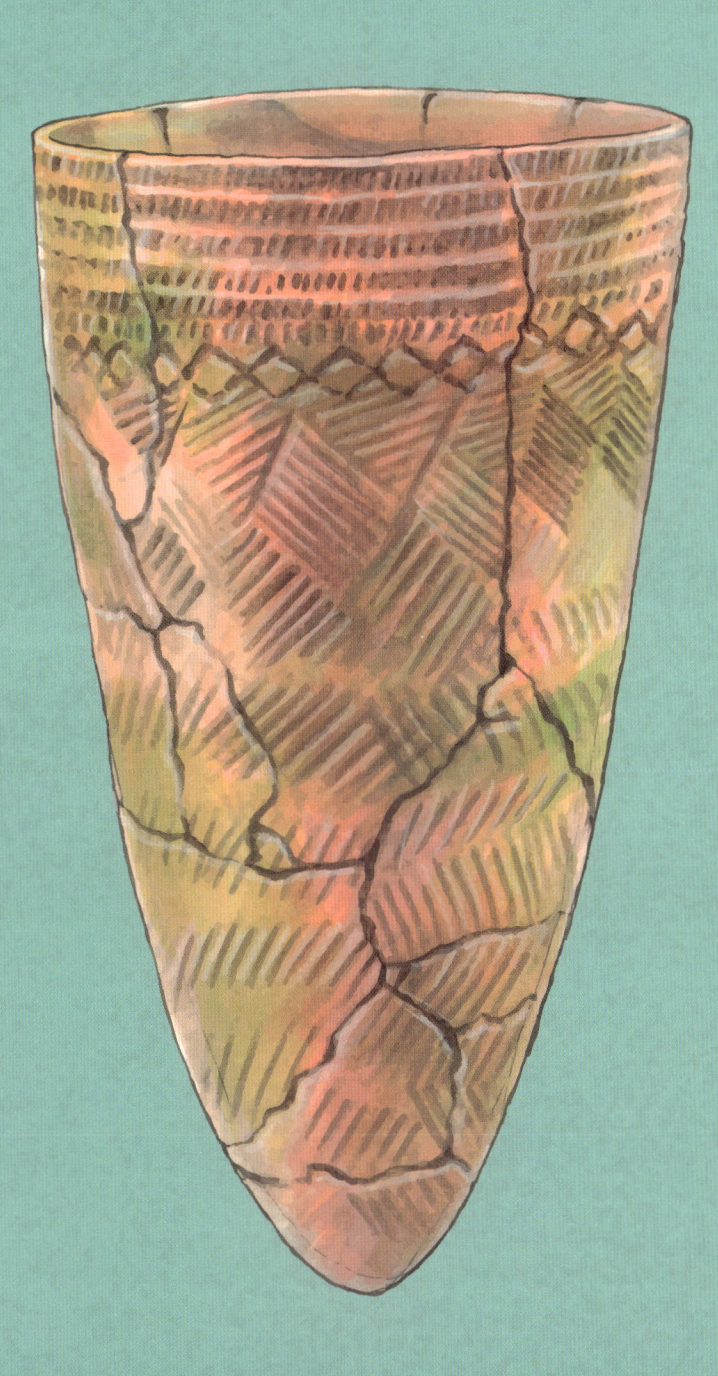

빗살무늬토기는 신석기 시대를 대표하는 유물로 알려져 있습니다. 석기 시대를 돌이 아니라 토기가 대표한다는 게 아주 특이하지요. 어찌 된 일인지 조선 시대의 분청사기나 고려 시대의 상감청자는 잘 몰라도 빗살무늬토기를 모르는 사람은 없는 것 같습니다. 거의 국민토기라 할 정도입니다. 이 토기가 그렇게 유명한 이유는 무엇일까요?

이 토기 이름이 '빗살무늬' 토기이다 보니 많은 사람이 그릇에 새겨진 무늬만 보게 됩니다. 그렇지만 토기 표면에 새겨진 빗금무늬가 엄청나게 아름답거나 어마어마한 의미가 담겨 있지는 않습니다. 이 토기보다 더 아름다운 장식을 가진 토기는 세계적으로 즐비합니다. 그런데 왜 빗살무늬토기가 신석기 시대를 대표할 정도로 많이 알려져 있을까요? 적어도 빗살무늬 때문은 아닌 것 같습니다.

---

1 어떤 이름이 적합할까?

1

그것을 알기 위해서는 빗살무늬토기에서 '빗살무늬'라는 말을 지우고 볼 필요가 있습니다. 그냥 아무런 선입견 없이 이 토기를 보면 좀 이상한 점이 있습니다. 바로 토기의 모양입니다.

이 토기 역시 무언가를 담기 위해서 만들어진 그릇입니다. 그런데 그릇의 아래가 뾰족하게 생겼습니다. 아래로 내려갈수록 뾰족해지는 형태의 곡선이 아주 예쁘기는 한데, 이렇게 밑이 뾰족한 그릇은 우리나라에서 만들어졌던 고대의 그릇들이나 고려, 조선 시대의 그릇들 중에서는 보기 힘든 형태입니다. 전 세계적으로도 이렇게 아래가 뾰족하게 만들어진 그릇은 없습니다. 빗살무늬토기가 유일합니다. 그러니 고려청자나 조선백자보다도 더 눈에 띌 수밖에 없었던 것이지요. 정말 특이한 형태입니다.

그런 점에서 이 '빗살무늬토기'라는 이름은 오히려 이 토기의 참모습을 가려버리는 것 같습니다. 최근에 들어와서는 이 토기의 이름에서 빗살무늬라는 말을 멀리하는 것 같아서 그나마 다행인 것 같습니다.

그런데 이 토기는 왜 아래가 뾰족하게 생겼을까요? 그릇은 대부분 밑바닥이 평평하게 만들어집니다. 넘어지지 않게 하기 위해서이지요. 그릇 아랫부분이 뾰족하면 바닥에 세워질 수가 없습니다. 그릇이 바닥에 세워지지 않으면 안에 내용물을 담을 수가 없는데, 그것을 그릇이라고 할 수 있을까요? 그런 점에서 보면 빗살무늬토기는 좀 바보 같은 그릇으로 보입니다.

그런데 아무리 원시시대라고 해도 그걸 몰랐다는 게 믿어지지 않습니다. 혹시 이 빗살무늬토기는 그릇이 아니라 예술품이나 다른 용도로 사용되었던 것일까요?

2 아래가 평평한 도자기들과 밑이 뾰족한 빗살무늬토기

당시에 만들어졌던 그릇들을 보면 다른 디자인은 거의 없고 모두 이렇게 밑이 뾰족한 형태입니다. 그것은 이 토기가 아주 일상적으로 사용되었다는 것을 말해 줍니다. 그렇다면 그 이유는 무엇일까요?

주먹도끼를 보면서 느꼈듯이 생존이 힘든 시대일수록 모든 것은 실용적으로 만들어집니다. 그릇은 식사와 관련된 도구이기 때문에 더 그럴 수밖에 없습니다. 그렇다면 밑이 뾰족한 빗살무늬토기도 그런 이유로 만들어졌다고 추정할 수 있습니다. 그 이유를 밝히기 위해서는 잠시 눈을 돌려 이 토기가 어떤 환경에서 사용되었는지를 먼저 살펴볼 필요가 있습니다.

신석기 시대는 빙하기가 끝나고 지금처럼 지구 전체가 따뜻해지기 시작했던 약 1만 년 전부터 시작되었습니다. 온통 얼음으로 뒤덮여 있던 지구가 갑자기 따뜻해지니, 그 얼음들이 녹아서 강이 만들어지고 바다의 수위가 높아졌습니다. 동시에 강이나 바다 기슭은 식물이 무성해지고 수많은 동물이 번식하는 생명의 보고가 됩니다. 그러니 이리저리 이동하면서 먹고 살던 사람들도 먹을거리가 풍부한 강이나 바다 근처로 몰려 들어와 살게 됩니다. 고고학에서는 신석기 시대부터 정착 생활이 시작되었다고 하는데, 그 장소는 대부분 이런 강이나 바다 근처였습니다.

그런데 강과 바다 근처는 어떤 곳인가요? 넓고 평평하게 펼쳐진 모래밭입니다. 신석기 시대 사람들이 정착해서 집을 짓고 먹을거리를 얻었던 곳은 바로

3 맨 땅에서는 넘어지는 빗살무늬토기

백사장이었던 것입니다. 강이나 바다가 바로 옆에 있으니 조개나 물고기 등을 쉽게 잡을 수 있고, 무엇보다 넓게 개방된 백사장은 맹수나 독충 같은 것들이 공격해 오는 것을 빨리 파악해서 방어하기 쉬운 장소였습니다.

이런 곳에 살았던 신석기 시대 사람들은 풍부하게 확보한 먹을거리들을 담거나 보관해 둘 수 있는 그릇이 많이 필요했습니다. 그런데 모래로 된 바닥은 고르지 않고 푹푹 파이니, 이런 곳에서는 밑이 평평한 일반적인 그릇들은 사용하기가 어렵습니다.

이런 곳에서 넘어지지 않으면서 먹을거리들을 보관하려면 어떤 그릇을 만들어야 할까요? 밑이 뾰족한 빗살무늬토기는 그래서 만들어졌던 것입니다. 쐐기처럼 밑이 뾰족하니 모래 위 어느 곳이라도 꽂아 놓을 수 있습니다. 절대 넘어질 염려가 없습니다. 그릇을 위로 살짝만 들어 올리면 모래에서 쉽게 빠져서 옮겨 놓기도 쉽습니다. 백사장에서 이보다 더 기능적인 그릇이 있을 수 있을까요.

지금의 디자인적 관점에서 보더라도 정말 최고의 디자인입니다. 간단해 보이지만 이런 토기를 고안한다는 것은 무척 어렵습니다. 주어진 환경을 잘 이해하고, 그 환경에 대응해서 가장 기능적이면서도 저렴하게 만들 수 있는 아이디어를 생각해 내야 하기 때문입니다.

당시 세계 모든 사람이 강이나 바다 근처에 살았을 텐데, 주먹도끼와는 달리 빗살무늬토기는 한반도

4 모래 바닥에서는 쉽고 단단하게 세워지는 빗살무늬토기

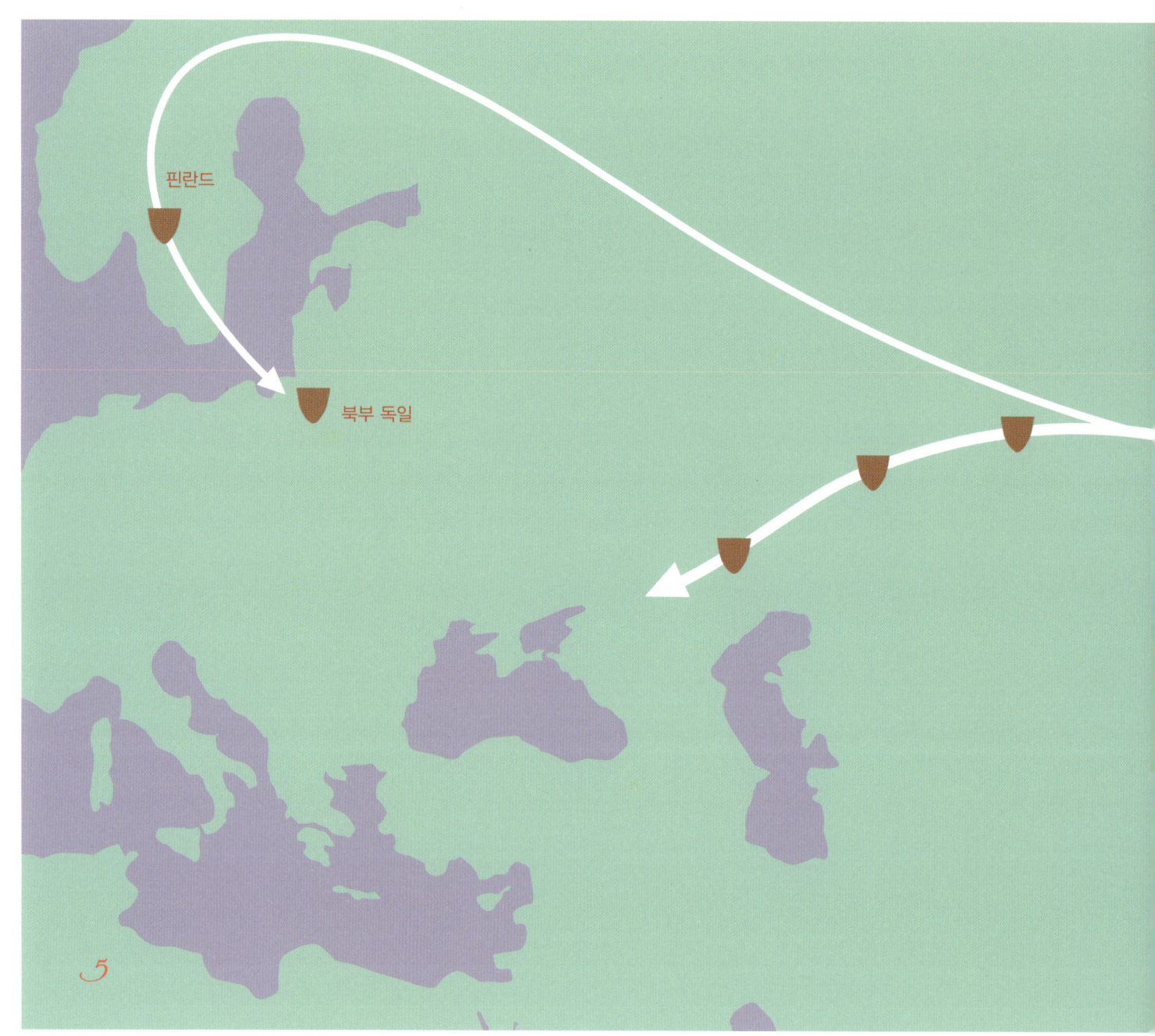

5 빗살무늬토기의 한반도 전파설

전역을 비롯한 만주 전역에서만 출토되고 있습니다. 그 외에는 핀란드, 스웨덴 남부, 북부 독일 등 유럽 북부와 서북 러시아 볼가강, 올가강 일대 그리고 바이칼호 근방 등의 중앙아시아 지역 등 극히 일부 지역에서만 출토되었습니다. 그것을 보면 우리 선조들의 디자인 감각이 매우 탁월했던 것을 알 수 있습니다. 그렇다면 우리 후손들도 그런 감각을 물려받았겠지요.

사실 1980년대만 해도 이 빗살무늬토기가 바이칼호수 근처의 중앙아시아에서 한반도 쪽으로 전파되었다고 생각했습니다. 그런데 그 이후로 거의 8,000년 전에 만들어진 빗살무늬토기들이 한반도와 그 주

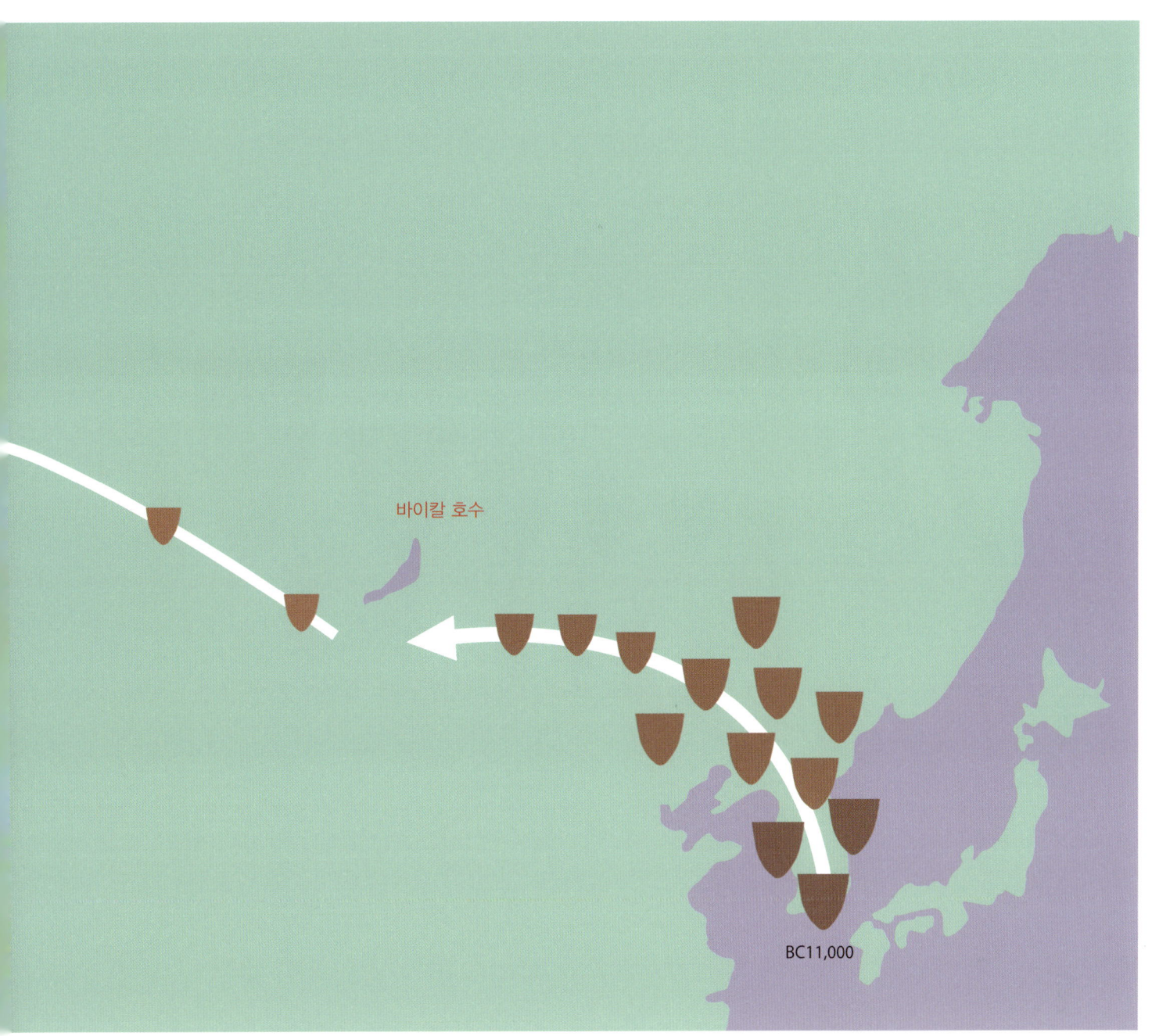

변에서 출토되면서 오히려 한반도에서부터 중앙아시아나 유럽 북쪽으로 전파되었다는 한반도 전파설이 일반화되고 있습니다.

이것은 중앙아시아나 서쪽으로부터 문명이 전파되었다고 믿는 그간의 선입견을 완전히 뒤집는 것으로, 우리의 역사나 문화를 보는 시각을 완전히 새롭게 만들고 있습니다. 우리도 다른 지역에 우리의 문화를 얼마든지 전파할 수 있고, 실제로도 그랬다는 것을 빗살무늬토기를 통해 확인할 수 있습니다. 지금은 한류 문화가 빗살무늬토기와 같은 역할을 하는 것이지요. 그러니 이제는 우리가 자신감을 가지고 우리 문화를 대해야 할 것 같습니다.

또 하나, 빗살무늬토기에서 눈여겨봐야 할 것 중 하나는 크기가 매우 다양하게 만들어졌다는 것입니다. 보통 작은 크기의 토기만 생각하는데, 어깨에 메고 다녔던 크기의 토기도 있었지만 그보다 훨씬 큰 빗살무늬토기도 많이 만들어졌습니다. 어린이 키 높이만 한 것도 있어서 이 토기가 당시 일상생활에서 얼마나 많이 사용되었는지를 알 수 있습니다.

단순하게 생긴 토기지만 이 안에 참 많은 가치가 담겨 있어서 계속 살펴보게 됩니다. 앞으로도 많은 사실이 새롭게 밝혀질 것입니다. 이런 토기와 함께 한 신석기 시대의 삶은 꽤 즐겁고 행복하지 않았을까 생각해 봅니다.

---

6 다양한 크기의 빗살무늬토기

신석기 농업혁명의 증거
갈돌과 갈판

신석기 시대는 인류 역사에서 중요한 혁명 중 하나인 식량혁명이 일어났던 시기입니다. 동물을 사냥하거나 떨어진 열매 같은 것을 먹으며 어렵게 살다가, 물 주변으로 풍성하게 자란 식물과 열매들을 손쉽게 구할 수 있게 되면서 인류는 먹을거리에 대한 걱정에서 획기적으로 벗어납니다. 갈돌과 갈판은 바로 그런 식량혁명을 그대로 보여 주는 유물입니다. 별것 아닌 돌덩어리로 보이지만, 식량혁명이 없었으면 만들어지지 않았을 것입니다.

신석시 시대 · 돌

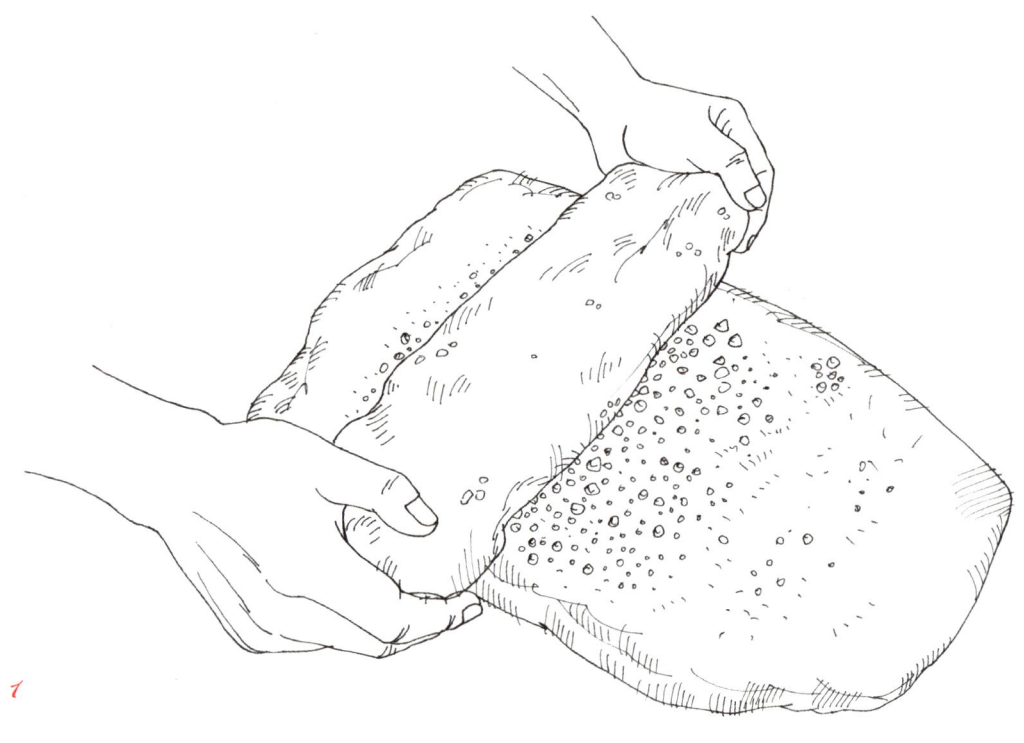

1

　신석기는 돌을 갈아서 필요한 도구를 만들어 썼던 시대입니다. 돌을 갈아 만든 선사 시대의 생활 도구를 '간석기'라고 하는데, 갈아서 만든다는 뜻의 한자를 써서 '마제(磨製) 석기'라고도 부릅니다. 신석기 시대의 석기들은 대부분 돌을 정성스럽게 깎고 갈아서 만들었습니다. 한곳에 정착해서 사는 시대이니, 생활에 필요한 도구들을 일회용이 아니라 정성스럽게 만들어서 오랫동안 사용했던 것입니다.

　신석기 시대에 만들어진 석기 중에는 '갈돌'과 '갈판'이 있습니다. 크기가 큰 '갈판'은 판판하게 다듬어진 넓은 면을 가진 돌덩어리이며, '갈돌'은 깔끔하게 다듬어진 방망이 같은 모양입니다. 갈판과 갈돌은 하나의 세트를 이룹니다. 신석기 시대의 갈돌과 갈판은 상당히 많이 발굴되었는데, 용도나 모양에 특별한 점이 없기 때문에 그냥 지나치기가 쉽습니다. 그런데 이 유물에는 신석기 시대에 관한 매우 중요한 이야기가 담겨 있습니다.

　이름을 봐도 알 수 있지만, 이 유물의 용도는 무엇을 분쇄하여 가는 도구입니다. 긴 방망이같이 생긴 갈돌을 양손에 잡고 넓은 갈판에서 위, 아래로 움직이면서 갈판에 있는 재료를 가는데, 요즘의 믹서와 같은 기능을 수행합니다. 그런데 이 갈돌과 갈판으로 무엇을 갈았을까요?

　갈돌과 갈판을 보면 고기 같은 동물성 재료를 갈지 않았던 것은 분명해 보입니다. 어느 정도

1 곡물을 가는 모습

2

딱딱한 질감의 재료를 갈았겠지요. 정답은 식물의 열매, 그중에서도 곡식류를 가는 데에 썼습니다. 갈판 위에 벼나 보리, 옥수수, 콩, 귀리와 같은 곡식들을 붓고 갈돌을 두 손으로 잡고 갈판에서 위, 아래로 움직이면 곡식이 갈립니다. 갈돌과 갈판의 기능은 간단하게 이 정도입니다. 그런데 중요한 것이 있습니다. 곡식을 갈기 위해서 어렵게 돌을 다듬고 갈아서 갈돌과 갈판을 만들었다는 사실입니다.

갈돌과 갈판을 많이 만들어 썼다는 것은 그만큼 곡식을 많이 먹었다는 것을 의미합니다. 그만큼 신석기 시대에는 곡식이 풍부했다는 것도 알 수 있습니다. 신석기 시대에는 사냥을 많이 하지 않고 농사를 많이 지었겠지요. 우리는 고기를 먹는 게 밥을 먹는 것보다 더 윤택한 게 아닌가 생각하기 쉽지만, 전혀 반대입니다.

고기로 먹을 수 있는 동물들은 움직입니다. 텔레비전에서 아프리카의 육식동물들이 어렵게 사냥하는 모습만 봐도 알 수 있듯이, 사냥해서 고기를 얻는다는 것은 정말 어려운 일입니다. 인간보다 신체 능력이나 크기가 훨씬 뛰어난 동물들을 사냥할 때는 목숨까지 위험합니다.

구석기 시대에 사냥해서 먹을거리를 얻는 일은 정말 위험하고 힘든 일이었습니다. 게다가 사냥에 성공하지 못했을 때는 그냥 굶을 수밖에 없습니다. 빙하기의 사람들은 아마 고기로 배를 채

2 현대의 믹서와 유사한 기능을 했던 갈돌과 갈판

울 확률보다는 굶을 확률이 훨씬 더 높았을 것입니다. 아무리 고기를 먹었다고 해도 구석기 시대에 먹고산다는 것은 보통 고달픈 일이 아니었을 것입니다.

그에 비해 식물은 움직이지 않습니다. 그러면서도 많은 열매를 만들고, 맛있는 과일도 만듭니다. 고기에 비해 영양가도 나쁘지 않습니다. 그래서 신석기 시대에는 사람들이 돌아다니지 않고 식물이 많이 자라는 곳에 살았습니다. 열매가 열리기를 기다렸다가 수확해서 먹으면 되니 식량을 얻기가 아주 쉬워졌습니다. 이때부터는 자연스럽게 인간은 곡식을 주로 먹게 되었습니다.

처음에는 야생으로 자라던 곡식들을 먹으면서 식량문제를 해결했습니다. 그런데 시간이 지나면서 생각해 보니 밭을 만들고 씨를 뿌리면 원하는 만큼 곡식을 더 많이 생산할 수 있다는 사실을 알게 됩니다. 그래서 농사를 시작하게 되었고, 수확량을 어마어마하게 늘려나갑니다. 게다가 곡식은 잘 상하지 않기 때문에 오랫동안 보관할 수도 있습니다.

그렇게 인류는 신석기 시대에 농사를 지으면서 식량문제를 혁명적으로 개선하게 됩니다. 오스트레일리아의 언어학자 고든 차일드Gordon Childe는 이를 '신석기 혁명Neolithic Revolution'이라고 했습니다. 이 신석기 시대의 농업혁명은 산업혁명과 더불어 인류 역사에 획기적인 발전을 가져온 사건으로 기록되고 있습니다.

이런 혁명적인 발전을 통해 인류는 선사 시대 즉, 역사 이전 시대를 마감하고 새로운 역사시대를 열게 됩니다. 이후 등장하는 것이 바로 청동기 시대입니다. 그래서 지금 남아 있는 갈돌과 갈판은 그냥 도구가 아니라 신석기 시대의 농업혁명을 증명하는 증거라 할 수 있습니다. 그런 점에서 이 유물은 선사 시대의 훈장처럼 다가옵니다.

신석기 인체공학의 정수
반달형 돌칼

신석기 시대의 도구라고 해 봤자 뭐가 있을까 싶겠지만, 농업혁명에 따라 기발한 기능을 가진 도구들이 많이 만들어졌습니다. 작은 반달형 돌칼도 그중 하나입니다. 모양을 보면 위, 아래가 곡선으로 된 형태이고 구멍 두 개가 뚫려 있는 것이 전부입니다. 그런데 이 작은 도구가 전국적으로 많이 발굴되고 있습니다. 그만큼 많이 사용되었다는 것이지요. 이 도구는 지금의 낫처럼 곡식의 대를 자르는 용도로 사용되었던 손칼이었습니다.

신석시 시대 · 돌

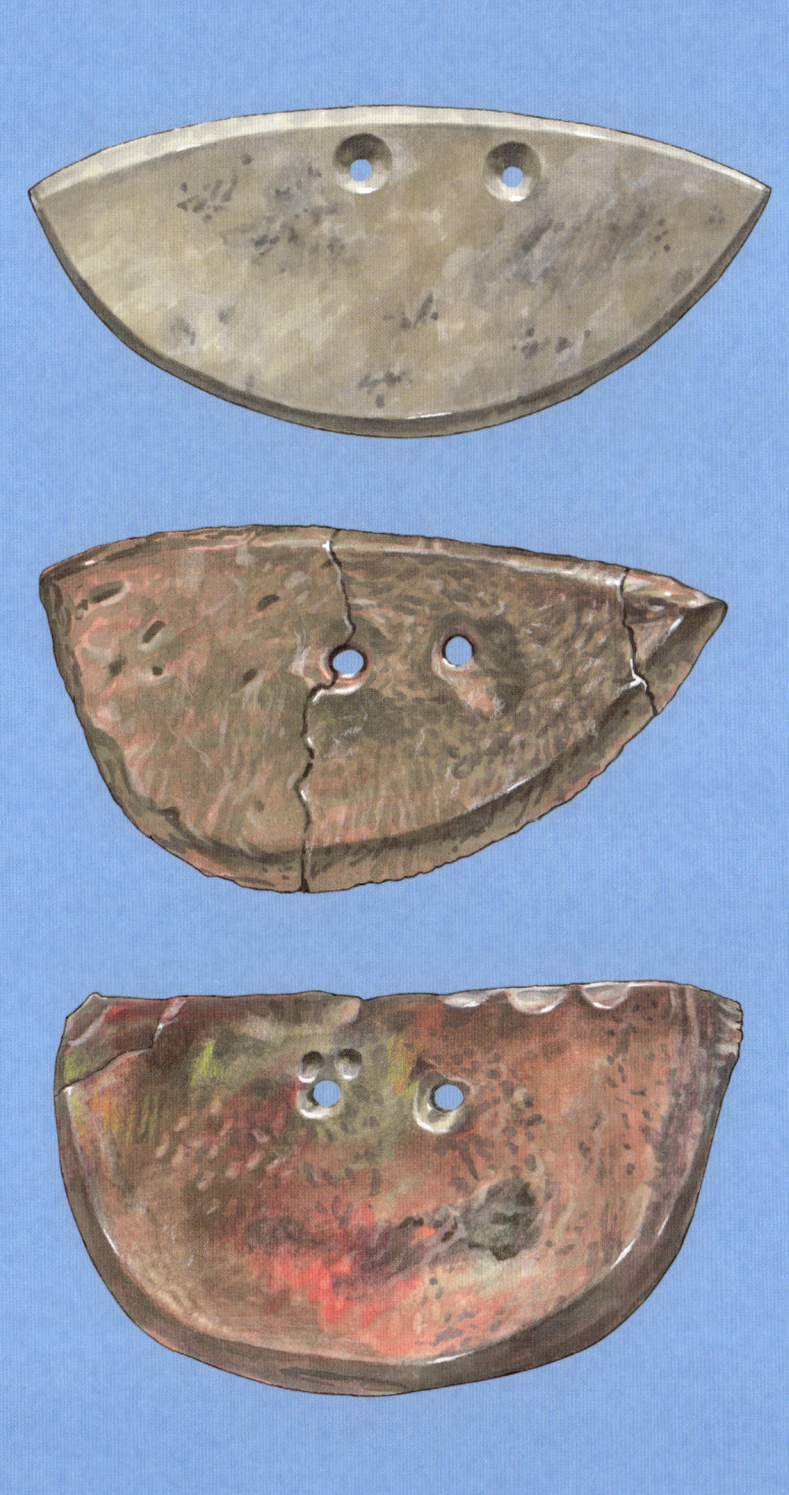

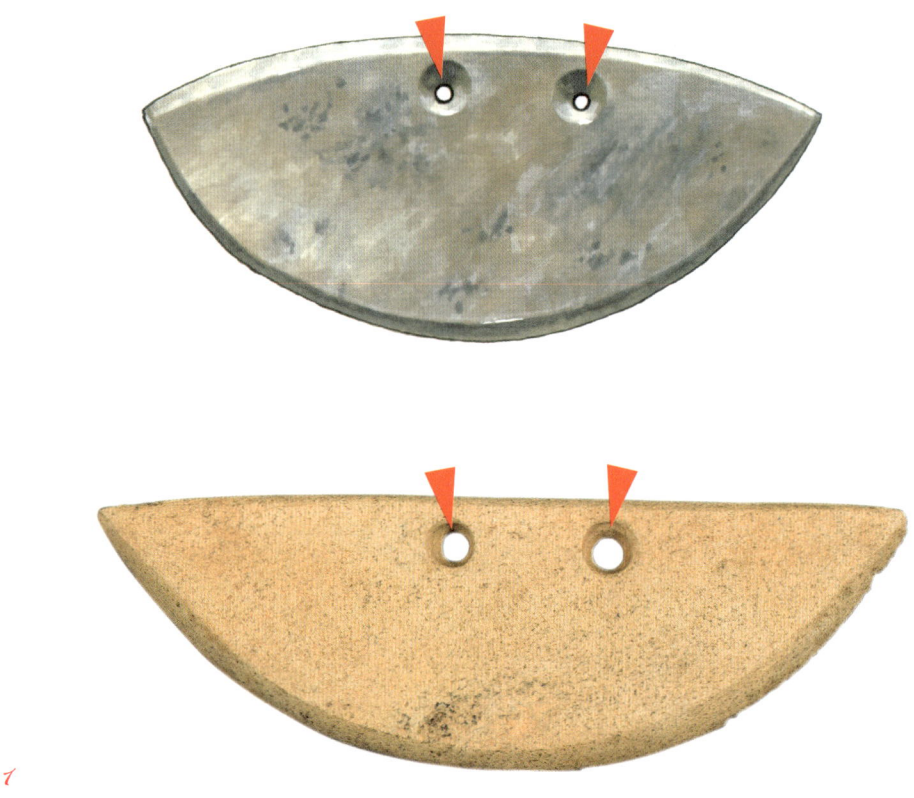

1

　크기도 작고 모양도 단조롭지만 신석기 시대의 농업혁명을 그대로 머금고 있는 유물 중 하나가 이 '반달형 돌칼'입니다. 비교적 가공이 쉬운 무르고 얇은 돌판을 반원형으로 가공하고, 테두리에 비스듬하게 날을 세우고, 구멍을 두 개 뚫어 놓았습니다. 그냥 보면 별로 특별해 보이지는 않습니다. 그런데 이렇게 생긴 반달형 돌칼이 여러 지역에서 꽤 많이 출토되었습니다. 그만큼 신석기 시대에 흔하게 사용되었던 도구라는 것을 알 수 있지요. 그만큼 기능적으로 뛰어났다는 뜻이기도 한데, 모양만 봐서는 잘 알 수 없습니다. 이 작은 돌조각을 어떻게 사용했던 것일까요?

　이 돌칼의 사용법에 대해서는 오래전부터 지금까지 의견이 분분합니다. 문제의 핵심은 이 돌칼의 중심부에 뚫어진 두 개의 구멍입니다. 대부분의 반달형 돌칼에는 구멍 두 개가 뚫어져 있습니다. 초기에 이 돌칼을 본 사람들은 두 개의 구멍에 무언가 중요한 역할이 담겨 있을 거라고 생각했습니다. 급기야 반달형 돌칼의 기능이 구멍에 있다고 믿게 되었지요.

1 반달형 돌칼과 구멍

2 반달형 돌칼의 기능

　한동안 이 반달형 돌칼은 곡식의 줄기에서 낟알을 훑어내는 도구로 설명되었습니다. 두 개의 구멍에 곡식의 줄기를 넣고 주욱 당겨서 낟알들을 분리하는 도구로 보았던 것이지요. 그런데 문제는 구멍을 일정한 간격을 두고 딱 두 개만 뚫은 이유는 무엇이었는지, 몸통을 사각형이나 삼각형이 아닌 타원형으로 둥글게 만든 이유는 무엇이었는지에 대해서는 전혀 설명이 안 된다는 것이었습니다.

　지금은 이 돌칼이 곡식의 대를 잘랐던 도구라는 견해가 일반적으로 받아들여지고 있습니다. 몸통 주변으로 경사진 날이 세워져 있는 것만 봐도 이 도구의 주된 기능이 두 개의 구멍에 있는 게 아니라 날에 있다는 것을 쉽게 알 수 있습니다. 또한 이 돌칼을 어떻게 잡고 썼는지를 추정해 보면 곡식의 이삭을 자르는 데 매우 효과적이었고 뛰어났었다는 것을 알 수 있습니다.

　이 돌칼의 가로 폭과 높이를 보면, 가로 폭이 손바닥보다 조금 더 길고, 높이는 손바닥의 절반쯤 됩니다. 두께는 아주 얇습니다. 돌칼의 위쪽은 완만한 둥근 곡선으로, 아래쪽은 볼록한 곡

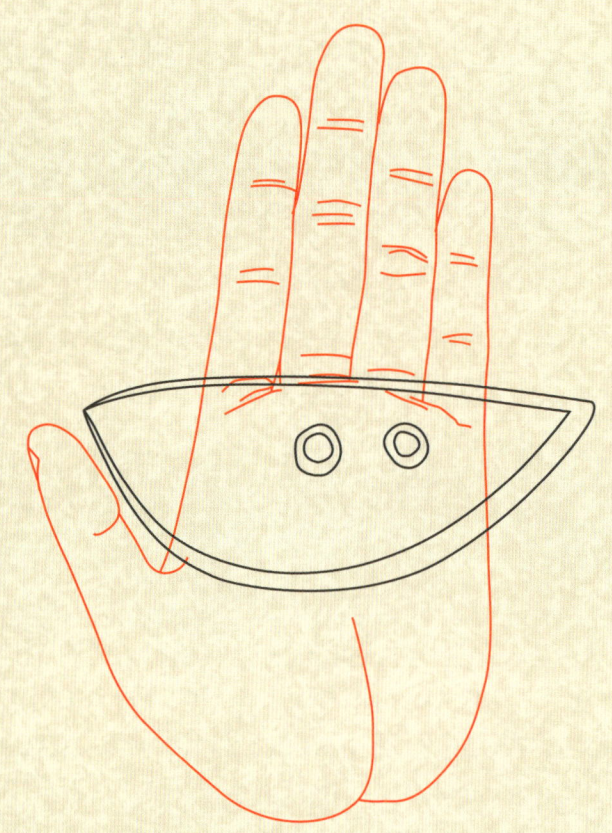

선으로 만들어져 있습니다. 그래서 손바닥에 이 돌칼을 놓고 감싸 쥐면 아주 편하게 잡힙니다. 보기와는 달리 상당히 인체공학적으로 디자인되었다는 것을 알 수 있습니다.

그런데 손으로 쥐는 데 편하다고 하여 곡식의 대를 자르는 작업을 한다고 판단하기에는 무언가 완전하지 않습니다. 칼을 손으로 완전히 쥐지 않더라도 손에 고정되어 있어야 작업을 편하게 할 수 있기 때문입니다. 그래서 이 칼에 두 개의 구멍이 뚫려 있는 것입니다.

두 개의 구멍에 끈을 끼워 고리를 만들면 손가락에 걸어서 고정할 수 있습니다. 그러면 손으로 잡기에도 편하지만 칼이 손에 고정되어서 이삭을 자를 때 아주 편리합니다. 끈이 남아 있지는 않지만, 이 돌칼에서 끈이 대단히 중요한 역할을 했다는 것을 알 수 있습니다.

돌칼 아랫부분의 볼록한 반달형의 날도 대단히 공학적으로 디자인된 것입니다. 이 돌칼은 이삭을 자르는 용도로 사용하는 것이기 때문에 어쨌든 칼입니다. 그런데 손에 밀착해서 사용하는 것이기 때문에 날을 날카롭게 할 수는 없습니다. 그런데 날이 무디면 이삭이 잘 잘리지 않습니다. 이 반달형 돌칼을 만들 때 해결해야 했던 문제는 손이 다치지 않을 정도로 날이 무디면서도 곡식의 대는 잘 잘리게 하는 것이었습니다.

이 칼에서는 그런 어려운 문제가 매우 슬기롭게 해결되어 있습니다. 열쇠는 대를 자르는 부분, 돌칼 아래쪽의 반달형 둥근 날입니다. 날이 이렇게 둥글면 곡식의 대가 날과 마찰되는 면적이 넓어지고, 날이 비스듬하게 대를 잘라들어가기 때문에 날이 무디어도 이삭을 쉽게 자를 수 있습니다. 곡식의 대에 날을 대고 미끄러지듯이 밀면 아주 쉽게 잘립니다. 날이 휘어진 칼이 직선의 칼보다 자르는 데에 힘도 적게 들고 훨씬 더 잘 잘리는 원리입니다. 중세 일본의 칼 '일본도'의 원리도 이와 같습니다.

3 손으로 잡기 편한 반달형 돌칼

즉, 신석기 시대의 이 반달형 돌칼에는 앞으로 나타날 기능적인 칼의 디자인이 이미 다 실현되어 있는 것입니다. 그뿐만 아니라 인체공학이나 산업공학적 원리들도 복합적으로 담겨 있습니다. 아직 문명이 본격적으로 열리기 전인데도 이런 수준 높은 기술적 원리들이 실용품들에 적용된 것을 보면 삶에서 터득된 지혜가 참으로 위대하다는 것을 확인하게 됩니다. 그리고 역사 앞에서 겸손하게 됩니다. 그러니 이런 선사 시대의 유물일수록 눈을 더 크게 뜨고 존경의 마음으로 살펴봐야 할 것입니다.

---

4 둥근 날로 곡식의 대를 쉽게 자를 수 있다.

시대를 넘어선 도구

돌도끼날과 도낏자루

돌도끼라고 하면 원시인들이 들고 다니는 거친 모양을 상상하게 됩니다. 그런데 신석기 시대의 돌도끼날과 도낏자루를 보면 깜짝 놀라게 됩니다. 도낏자루의 모양이나 끼워지는 도끼날의 모양이나 무게 등이 모두 사용하기에 편리하도록 매우 치밀하게 만들어져 있기 때문입니다. 그래서 선사 시대에 대한 편견을 가진 것을 반성하게 됩니다. 이 거칠게 보이는 유물 안에는 과연 선사 시대의 어떤 공학적 지혜가 담겨 있을까요?

신석기 시대 · 돌

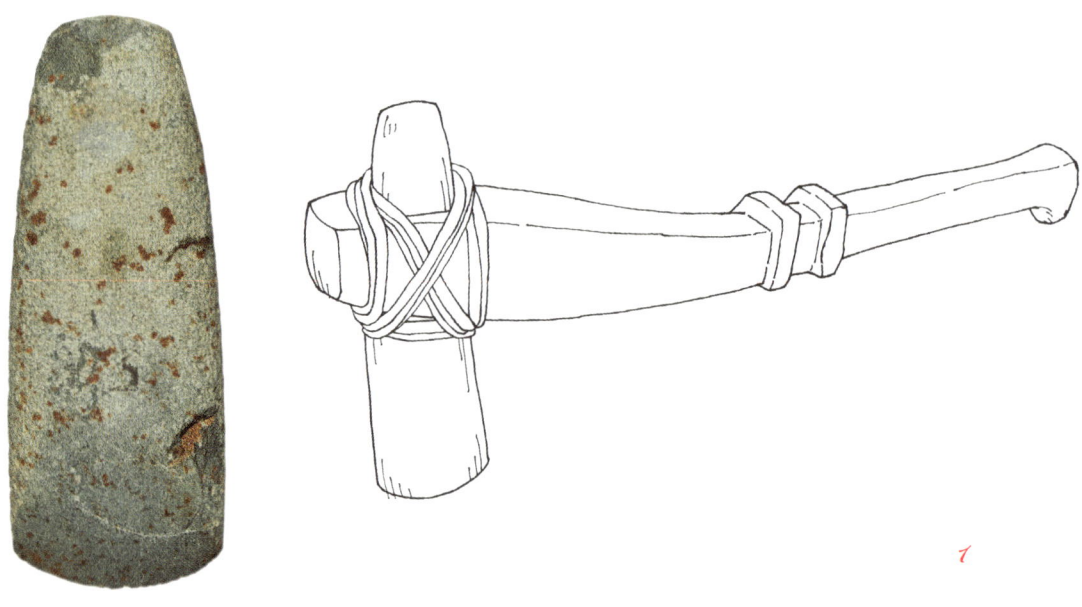

신석기 시대의 유물 중 돌도끼도 놀라운 유물 중의 하나입니다. 도끼날은 몸통이 둥글고 길쭉한 모양이어서 도끼날이라기보다는 깔끔하게 다듬어진 돌덩어리처럼 보입니다. 지금의 납작한 모양의 도끼날과는 많이 달라서 한참 살펴봐야 이 돌덩어리가 도끼의 날이라는 것을 알 수 있습니다. 나무로 만들어진 손잡이 부분들이 대부분 부식되어 없어져 버렸기 때문에 더 그렇습니다.

도끼날을 왜 날카롭지 않고 두툼하게 만들었는지 이해가 잘 되지 않지만, 만듦새는 대단합니다. 표면이 반질반질한 게 마치 기계로 깎아 놓은 것 같고 모양도 완벽하게 좌우대칭입니다. 도저히 손으로 만든 것이라고는 믿을 수 없을 정도로 정교합니다. 돌을 거칠게 깨서 도구를 만들어 썼던 바로 앞 시대와는 완전히 다른 차원으로 만들어졌습니다. 그뿐만 아니라 이후의 문명시대에 만들어졌던 유물들과 비교해 봐도 전혀 뒤떨어지지 않습니다. 이런 유물을 보면 아무리 첨단기술이 뛰어나다고 해도 역시 사람 손만 한 게 없다는 생각이 듭니다.

하지만 손으로 이렇게 만들려면 특별한 장비가 필요 없더라도 시간이 아주 많이 걸립니다. 그러니 한 장소에 오랫동안 살지 않고 항상 이동하며 살아야 했던 구석기 시대에는 이런 도구들을 만들 수 없었겠지요. 구석기 시대의 주먹도끼와 같은 뗀석기들이 기술 부족으로 그렇게 만들어졌던 게 아니라는 것을 이런 유물들을 통해 알 수 있습니다.

그렇다면 이런 두툼한 도끼날이 부착되는 자루는 어떤 모양으로 만들어졌을까요? 날이 둥글고 두툼하고 무거우면 도낏자루의 모양도 그것에 따라 디자인되었을 것입니다.

1 정교하게 만들어진 돌도끼날과 온전한 도끼의 추정 그림

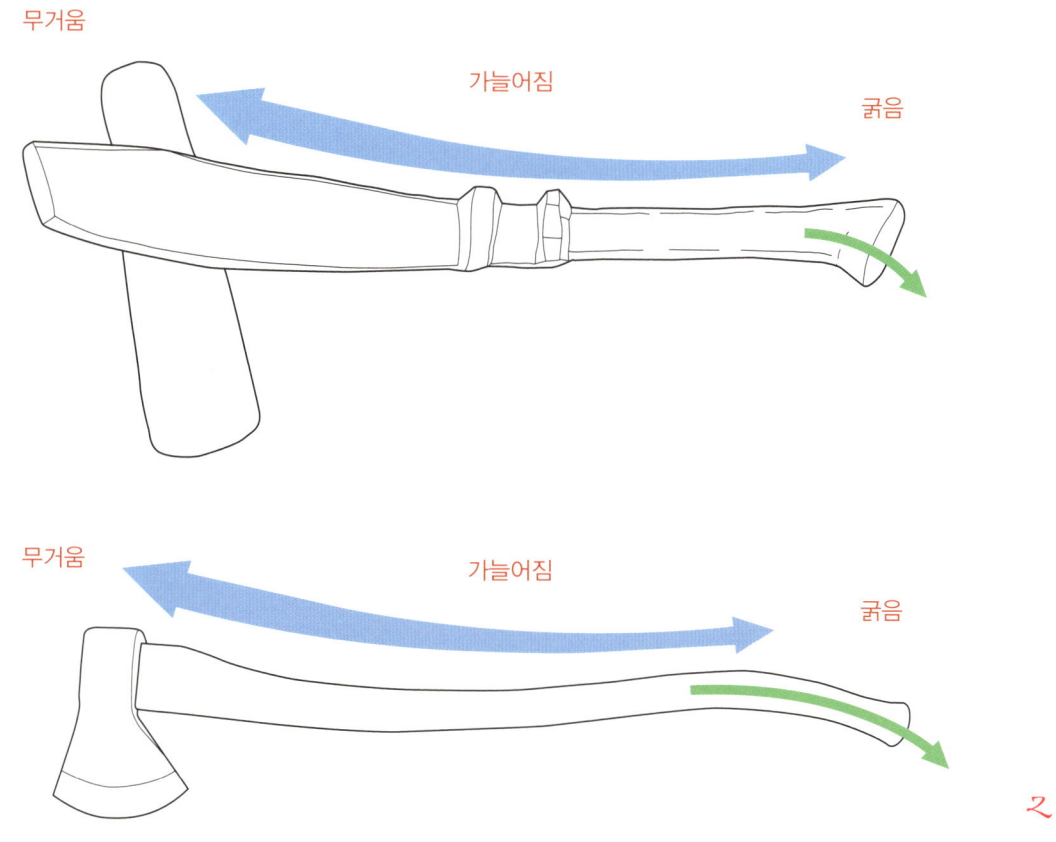

2 청동기 시대 도끼와 현대 도끼의 구조적 유사성

박물관에는 당시의 도끼 모양을 상상하여 만들어 놓은 재현품들이 많습니다. 하지만 모두가 추정된 형태이고, 도끼날에 비해 단순하고 소박하게 만들어진 것들이 많아서 아무래도 만족스럽지 않습니다. 도끼날이 그렇게 정교하게 만들어졌다면 자루 또한 그 정도의 정교함으로 만들어졌을 것이기 때문입니다.

이렇게 생긴 돌도끼날은 신석기 시대뿐 아니라 청동기 시대에도 거의 비슷하게 만들어졌습니다. 논산 마천리에서 원형이 비교적 많이 손실되지 않은 청동기 시대의 나무 도낏자루가 출토되어 돌도끼의 원래 모습을 알아내는 데에 큰 실마리가 되었습니다.

청동기 시대의 도낏자루는 길이가 긴 모양인데, 앞부분이 두툼하게 굵고, 가운데에 구멍이 뚫려 있습니다. 이 구멍에 날을 끼워서 고정할 수 있습니다. 도낏자루는 중간으로 갈수록 가늘어졌다가 끝에 가서는 다시 굵어지면서 마무리됩니다. 도낏자루는 전체적으로 약간 휘어져 있습니다.

이런 모양은 요즘의 도끼와 구조적으로 매우 유사합니다. 요즘의 도낏자루도 앞쪽이 두껍고 무거우며, 뒤로 갈수록 가늘어졌다가 끝부분이 살짝 두꺼워집니다. 만들어진 시대가 다른 두 개의 도낏자루가 구조적으로 비슷한 것은 바로 기능 때문입니다.

도끼를 사용할 때 파괴력이 크려면 도끼를 들고 내려칠 때의 회전 반경을 최대한 크게 해야 합니다. 그래서 도낏자루를 길게 만듭니다. 이때 도끼의 앞부분이 무거울수록 파괴력이 커집니다. 돌도끼의 날이 납작하지 않고 돌덩어리처럼 두툼하고 둥글게 만들어진 것은 그 때문이었던 것을 알 수 있습니다. 머리 부분을 무겁게 해서 도끼의 파괴력을 크게 만드는 것이 목적이었던 것입니다.

 도끼질할 때의 동작을 보면, 두 손으로 도낏자루를 잡고 머리 위로 한껏 들어 올렸다가 내려칩니다. 내려칠 때 두 손의 위치를 보면 도낏자루 끝부분에 두 손을 바짝 붙여서 잡습니다. 그렇게 하면 내려칠 때 도끼날의 궤적이 원형을 이루게 되고 가장 빠른 속도로 목표 지점을 내려칠 수 있습니다. 그래서 도낏자루의 맨 끝부분을 손이 미끄러지지 않도록 조금 두껍게 만들어 놓았습니다.

 도낏자루를 아래쪽으로 약간 휘어지게 만든 것은 도끼를 휘두르기 편하게 하는 것은 물론, 목표물을 때리거나 치는 최종 위치에서 두 손이 수평이 되어 휘두르는 힘을 최대화하기 위해서입니다. 이런 점들을 살펴보면 신석기나 청동기 시대에 이미 인체공학이나 작업의 효율성을 최대화하는 공학적 원리가 모두 구현된 것을 볼 수 있습니다.

 청동기 시대 도낏자루의 중간 부분에 있는 두 개의 사각형 모양의 조각은 아직 정확한 용도가 밝혀지지 않았습니다. 도끼를 벽에 고정하기 위한 구조일 수도 있고, 가장 가느다란 부분이기 때문에 자루를 견고하게 해주기 위한 구조일 수도 있습니다. 아무튼 이 도낏자루에 실현된 공학적 원리는 현대의 첨단 도끼에도 그대로 적용되는 것으로, 기능에 있어서는 시대의 차이가 무의미하다는 것을 느끼게 됩니다. 사람이 사용하는 물건의 디자인은 옛날이나 지금이나 가장 지혜롭고 합리적인 선택을 하고 있다는 것을 알 수 있습니다.

 기능적으로도 매우 뛰어나지만, 돌로 만든 두툼한 날을 끼운 돌도끼의 원래 모습을 복원해 보면 지금 감각으로 보아도 상당히 고급스러워 보입니다. 이런 도끼로 나무만 자르지는 않았을 것 같은데, 나무 이외의 것을 자르는 일에도 이 도끼가 사용되었을 것 같습니다.

 신석기 시대의 돌도끼날과 청동기 시대의 도낏자루는 고대에 만들어진 것이 지금보다 뒤떨어질 것이라고 생각하는 우리의 선입견을 반성하게 만듭니다. 도끼가 이 정도라면 다른 유물들에 담겨 있는 디자인적 가치와 기능이 얼마나 뛰어났을지 상상하기 힘듭니다. 이 도끼를 통해 우리 문화의 우수성에 대해 다시 한번 생각해 보게 됩니다.

최고로 아름다운 최초의 청동검
비파형 동검

비파형 동검은 이름처럼 모양이 아주 아름다운 칼입니다. 우아한 날의 곡선은 예술품이라고 해도 손색이 없으며, 고조선의 문화가 어떠했는지 엿볼 수 있습니다. 전 세계 청동검 중에서도 가장 독특하고 기능적인 구조로 디자인되었습니다. 또한 우리 역사에서 가장 최초로 대량생산된 산업 제품이기도 합니다. 그렇지만 이 청동검은 성능이 뛰어난 무서운 무기입니다. 이처럼 청동검 안에 숨겨진 많은 사실이 우리를 기다리고 있습니다.

청동기 시대 · 청동

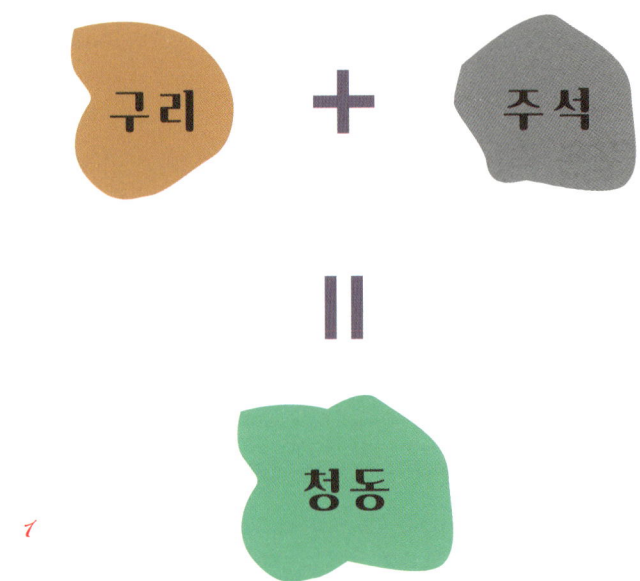

1

선사 시대가 지나고 역사시대가 되면서 청동기가 등장합니다. 흔히 청동기가 등장하면서 청동기 시대가 시작되었다고 생각하는데, 이것은 기술의 발전이 역사의 발전을 이끌었다는 시각에서 나온 역사관입니다. 인과관계로 보면 그 반대입니다. 청동기 시대가 청동기를 만들었습니다. 이게 무슨 말일까요?

'청동'은 '구리'와 '주석'을 합금*해서 만든 것입니다. 그렇게 만들어진 청동은 돌 만큼 단단하기 때문에 석기를 대신하면서 인간을 금속기의 시대로 접어들게 했습니다. 그런데 구리와 주석은 자연에서 바로 얻을 수 있는 재료가 아닙니다. 이 재료를 얻으려면 먼저 광석을 채굴하고 높은 열에 녹여 불순물을 없애 순수한 구리와 주석을 만들어야 합니다. 그다음에 두 금속을 섞어서 합금해야 합니다. 합금하는 것도 쉽지는 않습니다. 비율을 잘 맞추어야 하기 때문입니다. 비율이 맞지 않으면 단단하지만 쉽게 부러지거나, 쉽게 부러지지 않는 대신 물렁물렁해집니다.

그렇다면 누가 청동을 만들었을까요? 이런 복잡하고 어려운 과정을 거쳐 청동을 만들려면 그에 맞는 시설과 금속 제작에 전념할 수 있는 노동력이 필요합니다. 하지만 농사를 짓고 먹고사는 일에 바쁜 사람들이 누가 청동을 만들려 하겠습니까?

청동은 기술만 있다고 만들어질 수 없습니다. 청동을 만들기 위해서는 사회적으로 막대한 경제력이 투자될 수밖에 없습니다. 그래서 작은 규모의 공동체 사회에서는 청동기를 꿈도 꿀 수 없었습니다. 청동기는 사회 규모가 크고, 경제적 능력이 뛰어나야만 만들 수 있는 도구였습니다. 청동기를 만들었다는 것은 국가가 형성되었거나 그와 비슷한 사회공동체가 이미 만들어졌다는 것을 의미하기도 합니다.

결국 청동기 제작 기술이 있어서 청동기 시대가 시작된 것이 아니라, 사회가 경제적으로 발전되었기 때문에 청동기 시대가 시작되었던 것으로 볼 수 있습니다.

---

1 청동 합금의 원리
합금 하나의 금속에 성질이 다른 하나 이상의 금속이나 비금속을 섞어서 녹여 새로운 성질의 금속을 만듦.

청동기로 만들어진 유물들을 살펴보면 검과 같은 무기들이 많습니다. 청동기라고 하면 청동검이 먼저 떠오르는 것은 그 때문입니다. 이것을 보면 청동기 시대는 단단한 무기가 많이 필요했기 때문에 시작되었다고 해도 틀린 말이 아닙니다. 그런데 그 이전에는 돌로 검이나 화살촉 등을 만들어 썼는데 왜 갑자기 청동으로 무기를 만들었을까요?

돌로 검을 만들려면 엄청난 시간의 노력이 필요합니다. 그렇게 만들어도 사용하다가 부러지면 그걸로 끝입니다. 검을 사용할 일이 별로 없다면 그나마 괜찮은데, 검을 사용할 일이 많아지고, 검을 사용하는 사람들이 많아지면 문제가 생깁니다.

인구가 많아지고 경제력이 좋아지면 외부로부터 침략을 많이 당하기 때문에 무기가 많이 필요해집니다. 이럴 때 돌로만 무기를 만들면 감당이 안 됩니다. 따라서 만들기는 쉬우면서 돌만큼 단단한 재료를 찾게 됩니다. 그렇게 해서 찾은 것이 바로 금속이었습니다. 금속은 돌만큼 단단한데, 열에 녹는다는 성질을 가지고 있습니다.

청동검과 함께 출토되는 중요한 유물이 '거푸집'입니다. 거푸집은 '형틀'인데, 요즘 말로는 '금형'이나 '몰드mold'라고 합니다. 사실 모양이 특별하거나 인상적이지 않아서 별 관심을 끌지 못하는 유물입니다. 하지만 청동검보다도 더 중요한 것이 거푸집입니다. 이 거푸집으로 똑같은 모양의 청동검을 수없이 많이 만들 수 있기 때문입니다.

청동은 대체로 970℃에서 녹습니다. 이 온도에서 청동을 녹여 거푸집에 부으면 똑같은 모양의 청동검을 무한정 만들 수 있습니다. 붕어빵을 만드는 것과 같은 원리입니다. 오늘날 플라스틱으로 콜라병이나 전자제품의 몸체를 대량으로 찍어내는 것과 같습니다. 석검 하나 만드는 정도의 노력이면 거푸집 하나를 만들 수 있는데, 그것으로 청동검을 무한정 만들 수 있으니 석검을 만드는 것과 비교하면 정말 마술 같은 일이었을 것입니다.

이렇게 청동검은 우리 역사에서 최초로 대량생산된 물건이었고, 그렇게 시작된 청동기 시대는 곧 대량생산의 시작이기도 했습니다. 인간은 청동기 시대를 거치면서 청동검 같은 무기뿐만 아니라 엄청난 생산능력을 얻게 됩니다.

이런 고도의 생산능력으로 처음에는 무기를 많이 만들었겠지만, 이후로는 생활에 필요한 것들을 많이 만들어 썼습니다. 청동거울을 비롯하여 출토된 몇몇 청동기 유물들이 그것을 말해 줍니다. 그러면서 사람들의 삶은 이전과는 비교할 수 없을 정도로 풍요로워졌을 것입니다. 그리하여 인류의 역사는 청동기 시대부터 역사시대로 넘어갑니다.

이런 배경을 바탕으로 청동기 시대 초기에 등장했던 것이 바로 '비파형 동검'이었습니다. 우리나라에서 이 검을 만들기 시작한 것은 대체로 기원전 1,000년부터로 봅니다. 하지만 유물이 계속 발굴되면서 이 연도는 점점 그 이전으로 올라가고 있습니다. 최근의 고고학적 성과에 의하면 기원전 26세기에 만들어진 비파형 동검의 파편도 출토되고 있습니다. 청동검의 시작 시기는 앞으로도 계속 지켜봐야 할 것 같습니다.

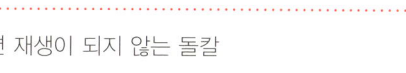

2 부러지면 재생이 되지 않는 돌칼

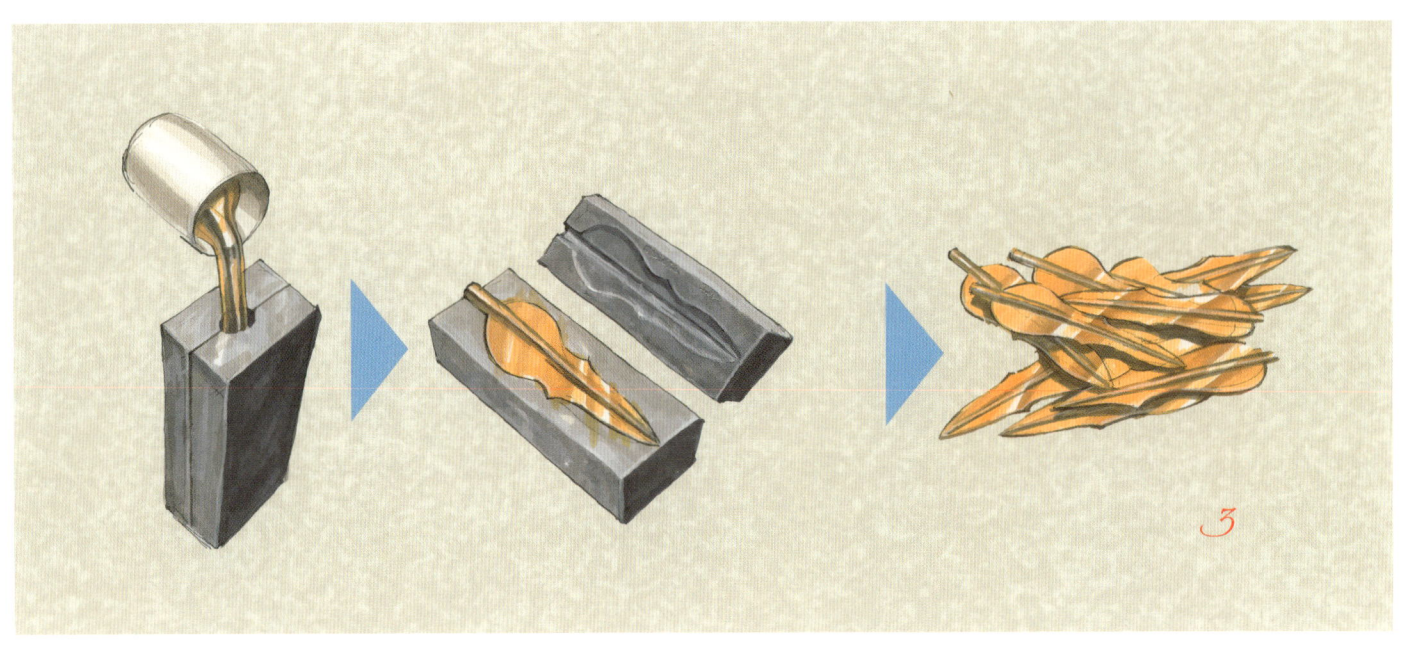

3 청동을 녹여 청동검을 대량생산하는 과정

비파형 동검은 청동기 시대 초기의 무기임에도 불구하고 참 아름답습니다. 그래서 많은 고고학자나 미술사학자가 이 검을 실전용이 아니라 권위를 상징하는 것이었다고 주장하기도 했습니다. 그렇지만 지금은 실전용이었다는 견해가 지배적입니다.

무기이면서도 이렇게 아름다운 경우는 정말 흔치 않습니다. 위에서 아래로 검의 외곽을 타고 흐르는 곡선의 아름다움은 세상 어느 칼과 비교해도 뛰어납니다. 그래서 악기의 이름을 따서 '비파형 동검'이라고 불립니다. 그런데 이 비파형 동검에 대해서 우리가 잘 모르고 있는 점이 하나 있습니다.

우리가 알고 있는 동검은 사실 검 전체가 아니라 날입니다. 손잡이 이하의 부분이 빠진 것이지요. 비파형 동검이라는 이름 자체가 날의 모양만 보고 지어진 이름입니다. 실제로 비파형 동검은 아름다운 곡선의 날에 손잡이 부분과 무게 중심을 잡아 주는 배중석이 조립되어 만들어졌습니다. 요즘의 산업제품들을 만드는 방식과 똑같습니다. 많은 사람이 이것을 놓치고 있는데, 이 청동검에서 가장 중요한 특징입니다.

이렇게 조립식으로 만들어진 청동검은 세계적으로 찾아보기 어렵습니다. 다른 나라에서 발굴되는 대부분의 청동검은 날과 손잡이가 하나의 몸체로 되어 있는 경우가 많습니다. 비슷한 시기에 중국에서 만들어진 청동검을 보면 날과 손잡이가 일체형입니다. 이런 모양은 붕어빵을 찍어 내듯이 쉽게 만들 수 있습니다.

흔히들 청동 기술이 중국으로부터 전파되었다고 말하는데, 그것은 편견입니다. 우리의 조립식 청동검을 보면 중국과는 완전히 다른 청동기 문명을 가지고 있었다는 것을 확신하게 됩니다.

일체형의 검은 만들기만 쉬운 게 아니라 손잡이와 검의 날이 한 몸이기 때문에 부러지지 않는 한 파손될 수가 없습니다. 하지만 손잡이와 날을 결합한 구조의 우리 청동검은 견고함에 문제가 있을 수 있습니다. 부품들이 많이 결합될수록 고장 나기 쉽기 때문입니다. 칼이기 때문에 이 문제는 훨씬 더 심각합니다. 적과 싸우는 도중에 손잡이와 칼이 고장 나 버린다면 정말 큰 문제이기 때문입니다. 조립식으로 만들어진 우리의 청동검은 그럴 위험이 아주 컸습니다.

이런 문제를 해결하는 방법은 정교함입니다. 지금 우리나라 군인들이 사용하는 총을 보면 수많은 부품으로 만들어져 있지만, 모든 부품이 한 몸처럼 정교하게 결합되어 있기 때문에 전투 시에 큰 문제가 없습니다. 우리의 조립식 청동검이 일체형 청동검을 뛰어넘는 견고함을 유지하기 위해서는 0.1mm의 오차도 허용하지 않고 정교하게 만들어져야 했습니다. 중국처럼 굵은 모래로 거푸집을 만들어 제작하는 청동주조 기술로는 불가능한 일이었습니다. 그런데 우리의 청동기 문화에서는 그런 첨단기술을 보유하고 있었습니다. 그래서 중국과는 달리 조립식 구조의 청동검을 만들 수 있었던 것입니다.

여기서 우리는 검을 왜 일체형으로 쉽게 만들지 않고 조립식으로 어렵게 만들었을까 하는 의문이 들 것입니다. 영화나 드라마를 보면 싸울 때 쉴 새 없이 검을 부딪칩니다. 하지만 실제로는 칼을 몇 번만 부딪혀도 날이 나가거나 부러집니다. 강철검도 아니고 청동검이기 때문에 훨씬 더 약했을 것입니다. 일체형 검은 이럴 때 아주 불리합니다. 몇 번만 쓰면 못 쓰게 됩니다.

그런데 조립식인 비파형 동검은 날이 손상되면 금방 새로운 날로 갈아 끼워 쓸 수 있습니다. 기관총을 쏘다가 총열이 뜨거워지면 총열만 갈아 끼워서 사용하는 것과 비슷합니다. 전투할 때 청동검의 날을 그때그때 갈아 끼우면서 다시 싸울 수 있으니, 전투력을 그대로 유지할 수 있었습니다. 실제 전투에서 이것은 대단한 장점입니다. 어렵게 조립 구조로 청동검을 만들었던 데에는 이런 이유가 있었던 것입니다.

4 아름다운 비파형 동검의 날

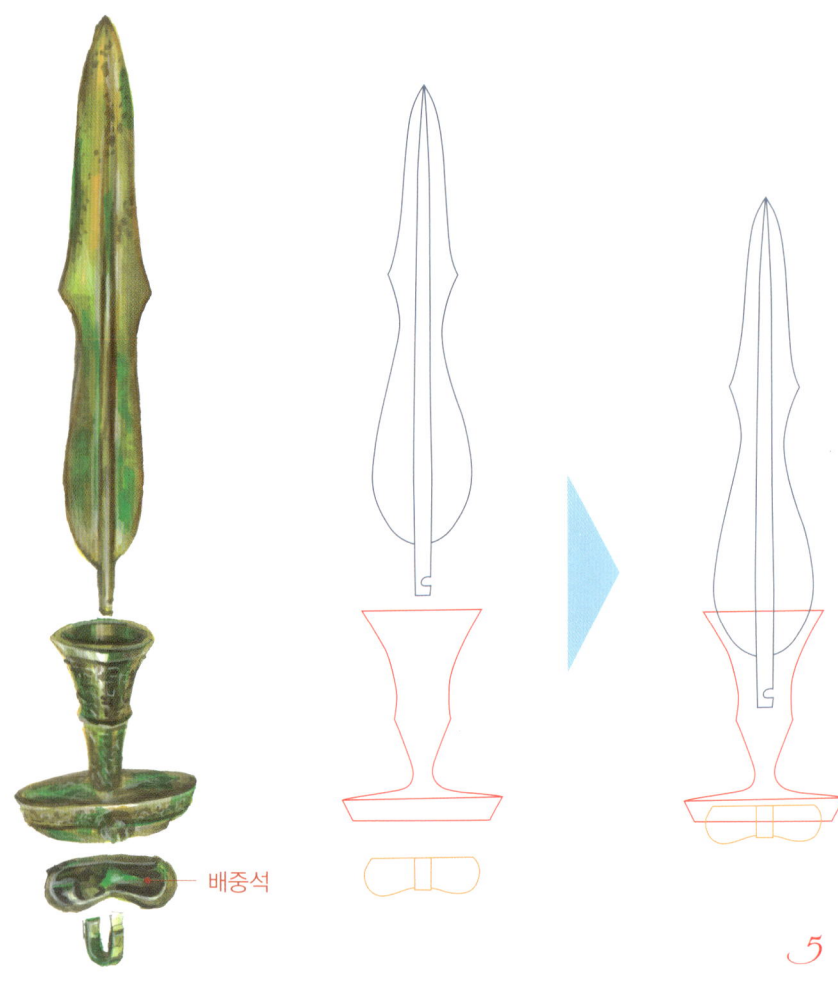

배중석

이처럼 비파형 동검은 단지 아름답기만 한 것이 아니라 기능적으로나 구조적으로나 대단히 뛰어났습니다. 거의 현대적인 무기 개념을 읽을 수 있습니다. 주변국들의 청동 무기와 비교해 보면 대단히 놀라운 일이 아닐 수 없지요. 비파형 동검은 단지 아름다울 뿐 아니라 청동기 시대의 우리의 뛰어난 기술 수준을 잘 보여 줍니다. 우리가 알고 있는 것보다 청동기 시대, 고조선 시대의 문화는 정말 우수했던 것 같습니다.

5 조립식 구조의 비파형 청동검
6 일체형으로 만들어진 중국 스타일의 청동검

실전 기능이 강화된 청동검
한국식 동검

이 검에 한국식 동검이라는 이름이 붙은 것은 이 검이 주로 한반도 안에서 출토되기 때문입니다. 비파형 동검 이후에 만들어진 업그레이드 버전이라 할 수 있는데, 아름다움보다는 실전에 더 뛰어난 기능을 발휘하도록 디자인되었습니다. 몸체는 완만한 곡선으로 만들었고, 칼날에 세로로 긴 두 개의 피홈을 만들었습니다. 이 동검은 옻칠한 나무로 만들어진 칼집이 아주 아름답고, 역시 옻칠한 나무로 덧씌워진 손잡이가 인상적입니다.

청동기 시대 · 청동

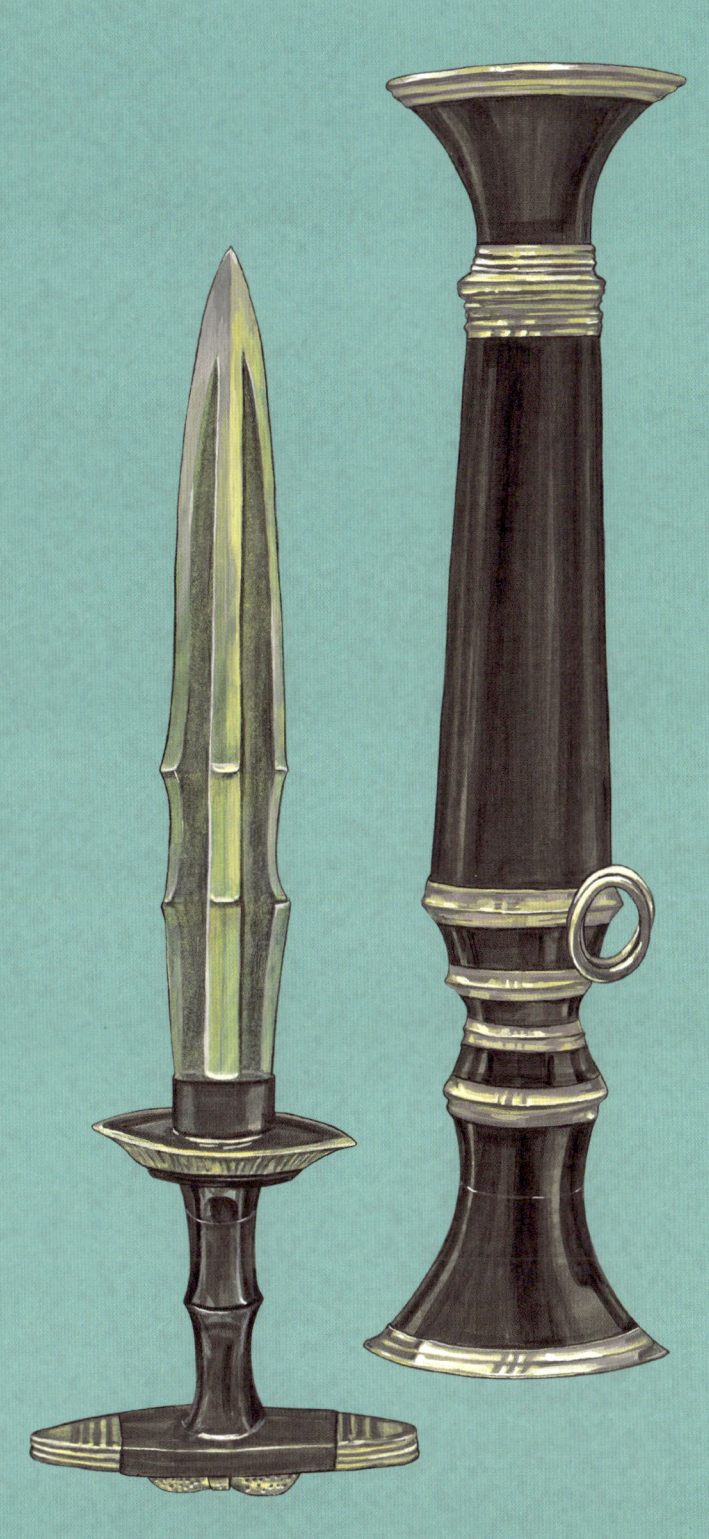

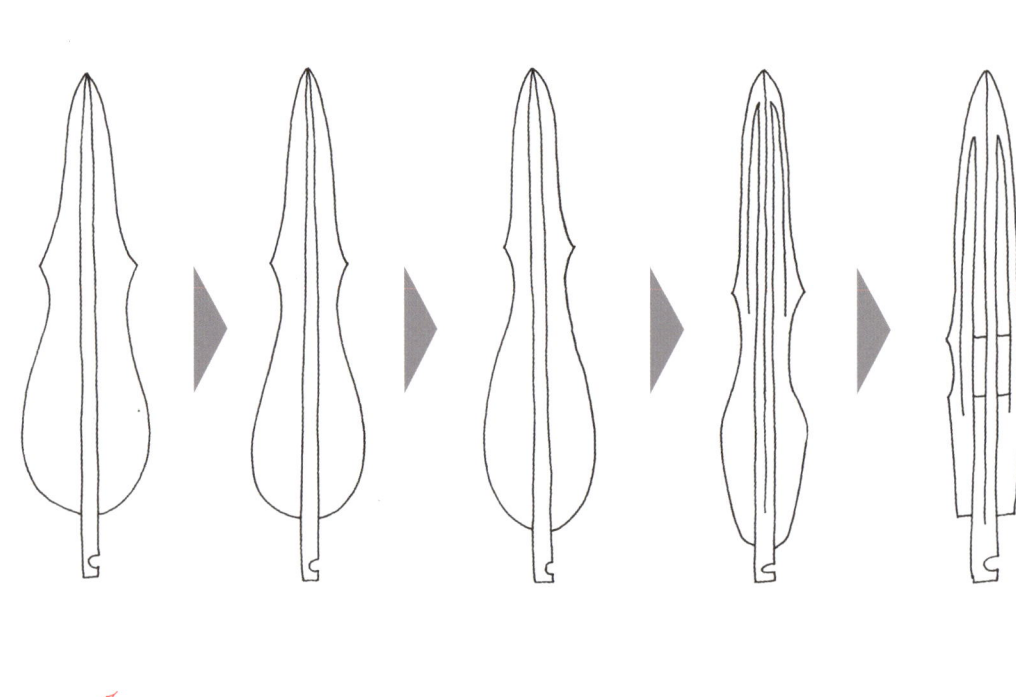

1

　청동기 시대 초기에는 곡선이 아름다운 비파형 동검이 많이 만들어지다가 기원전 4~5세기경에 폭이 좁은 청동검이 본격적으로 만들어지기 시작합니다. 특히 한반도 내륙에서 이런 검이 많이 출토되었는데, 이 검을 '한국식 동검'이라고 부릅니다. 물론 갑자기 변한 것은 아닙니다. 검날의 곡선 모양이 점점 완만해지면서 한국식 동검으로 진화한 것입니다.

　비파형 동검과 한국식 동검의 가장 큰 차이는 '실용성'이라고 할 수 있습니다. 비파형 동검도 물론 칼로서의 기능성이 모자란다고 할 수 없지만, 날이 넓고 곡선의 형태를 이루고 있어서 아무래도 전투에 활용하는 무기로서는 조금 모자란 면이 있습니다. 그런데 한국식 동검은 날이 좁고 날카로워서 칼의 기능에 더 충실합니다. 그냥 봐도 사람에게 치명상을 입히기에 좋은 형태입니다.

　뿐만 아니라 한국식 동검의 날에는 두 개의 홈이 파여 있습니다. '피홈'이라고 불리는 구조인데, 사람을 찔렀을 때 공기나 피를 흐르게 해서 칼을 쉽게 뽑을 수 있도록 해주는 장치입니다. 무기로 사용하는 칼에는 반드시 있어야 하는 부분인데, 이 검에 만들어져 있습니다. 무시무시하기는 하지만 실제 무기로 사용하는 데에 필요한 기능성이 제대로 강화된 것을 볼 수 있습니다.

1 비파형 동검 날에서 한국식 동검 날로의 변화

한국식 동검은 칼날 부분만 많이 알려져 있고 칼의 전체 모양은 그리 많이 알려지지 않았습니다. 날만 보면 비파형 동검보다 날렵해졌다는 것과 피홈이 추가되었다는 것 정도만 볼 수 있습니다. 그런데 한국식 동검의 전체 모양을 보면 검 전체의 디자인 역시 근본적으로 바뀌었다는 것을 알 수 있습니다.

조립식으로 만들어진 것은 동일하지만, 칼의 손잡이 부분이 옻칠한 나무로 덮여 있고, 역시 옻칠한 나무로 만들어진 칼집을 구비하고 있습니다. 비파형 동검과는 완전히 다른 모습입니다. 나무 재질이 더해졌다는 것이 큰 변화입니다. 이렇게 변화한 모양도 비파형 동검 못지않게 멋집니다. 하지만 출토된 유물은 부식된 것이 많아 이런 멋진 모양이 대중적으로 많이 알려지지는 못했습니다. 게다가 동검 날의 모양만 중점적으로 설명하는 경우가 대부분이어서 한국식 동검의 온전한 모습에 대한 관심을 갖지 못하고 지나치는 경우가 많습니다.

금속과 옻칠한 나무가 어울린 이 검의 전체 모습은 아주 독특하고 아름답습니다. 그래서 한국식 동검을 볼 때는 날 모양보다는 검의 전체 모양을 먼저 생각하고 그 안에 담긴 가치들을 하나씩 살펴보는 것이 좋습니다.

우선 칼을 살펴보면 손잡이 부분의 만듦새가 눈에 띕니다. 나무를 정교하게 가공해서 동검의 손잡이를 덮어 아름답게 만들었습니다. 칼의 손잡이 부분이 마치 플라스틱으로 만들어진 것처럼 깔끔하고 고급스러워 보입니다. 옻칠한 나무라서 그렇습니다. 이 검을 보면 당시에 옻칠 기술이 상당히 발달하였던 것 같습니다. 그런데 손잡이 끝부분 모양이 좀 특이합니다. 가로로 길게 만들어졌습니다. 비파형 동검에서도 손잡이가 미끄러져서 빠지지 않게 하기 위해 손잡이 끝부분을 가로로 좀 길게 만들기는 했지만, 한국식 동검은 그보다 더 길게 만들어져 있습니다.

칼만 보면 좀 이상하게 보이지만, 칼을 칼집에 넣었을 때를

2 실용적인 한국식 동검의 날

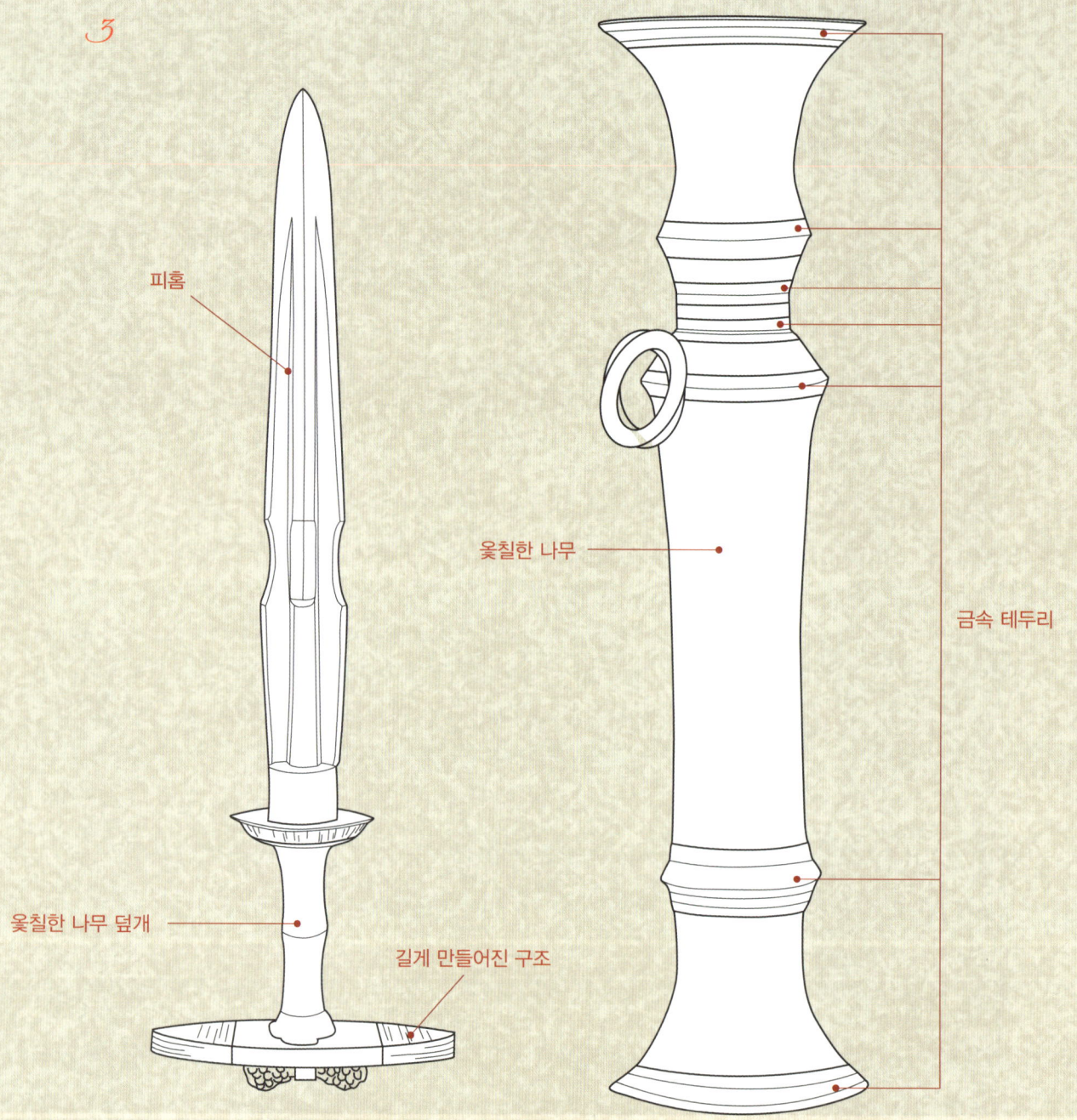

보면 이렇게 만든 이유를 알 수 있습니다. 칼집이 칼보다 너무 커서 칼이 아주 작게 보일 수 있었는데, 검 손잡이 끝이 검집의 폭보다 가로로 더 길기 때문에 칼과 칼집이 전체적으로 균형 잡혀 보입니다. 이 부분이 없었다면 칼집과 칼이 매우 이상하게 보였을 것입니다. 아마 후대로 갈수록 조형*적인 목적에 의해 손잡이 아랫부분의 길이를 가로로 길게 만들었던 것 같습니다.

이 한국형 동검에서 가장 특징적인 것은 칼집입니다. 비파형 동검은 칼집이 있었는지, 모양은 어떠했는지 확인할 수가 없습니다. 다행히 한국형 동검은 칼집과 함께 출토되는 경우가 많아서 칼집과 함께 칼의 모양 전체를 복원해 볼 수 있습니다.

출토된 칼집들을 참고로 원형을 복원해 보면 칼집은 주로 나무로 만들어졌던 것 같습니다. 나무로만 되어 있으면 충격에 약하기 때문에 나무 몸체 중간중간에 많은 금속 구조를 보강해 놓아서 아주 단단합니다. 나무 몸체에 옻칠도 잘 되어 있어서 사용하는 데에는 전혀 문제가 없을 정도로 칼집이 튼튼했던 것 같습니다.

지금도 옻칠 된 가구들은 매우 아름답고 가격도 비싼데, 옻칠 된 나무와 황금색으로 빛나는 금속이 어울린 칼집은 당시에도 매우 아름답고 귀했을 것입니다. 아마도 권력자나 지휘자들이 이런 칼집의 청동검을 쓰지 않았나 싶습니다.

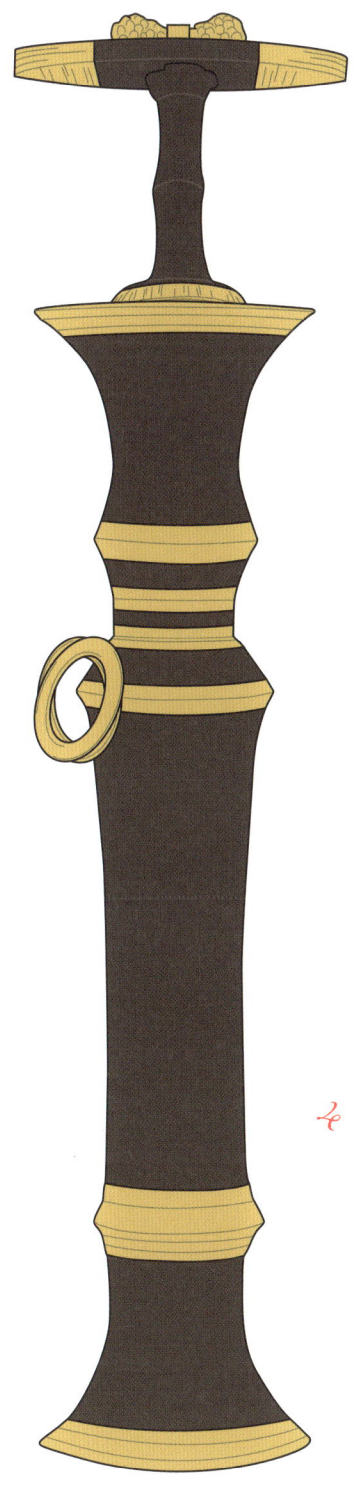

3 실용적인 한국식 동검과 검집
4 검집에 넣은 한국식 동검
조형 여러 재료를 이용하여 생각이나 느낌을 눈에 보이는 형상으로 만들어 내는 것. '조형미'는 사람이 인공적으로 만든 조형물에서 느낄 수 있는 아름다움을 말한다.

칼집의 디자인을 좀 더 살펴볼까요? 이 칼집의 아름다움은 옻칠 된 나무와 금속의 질감에서만 만들어지는 것은 아닙니다. 이 칼집이 가지고 있는 세련된 아름다움은 칼집 위, 아랫부분의 매우 우아한 곡선적 형태에서 대부분 만들어지고 있다고 해도 과언이 아닙니다. 칼집의 기능만을 생각했다면 칼을 보호하고 사용하기 편리한 모양으로 만들었을 것입니다. 하지만 이 칼집의 형태는 기능성과 별로 상관없는, 생동감 넘치는 곡선들로 디자인되어 있습니다. 아름다움을 목적으로 이렇게 만들어진 것입니다.

한국식 동검의 칼날 부분만 보면 실용성이 강화된 것으로만 보기 쉽습니다. 하지만 칼집과 더불어 검의 전체 모양을 보면 오히려 조형적 아름다움이 더 많이 강화되었다는 것을 알 수 있습니다. 귀족적이면서도 엄숙한 이미지를 풍기는 이 동검은 당시의 미적 취향을 그대로 반영한 것이라고 봐야 할 것입니다.

청동기 시대의 유물이 많지 않아서 그 당시의 미美의 기준이 어떠했는지 짐작하기가 어려운데, 이 동검과 칼집이 있어서 많은 부분을 엿볼 수 있습니다. 그런 점에서 한국식 동검은 그저 무기로서만이 아니라 청동기 시대의 조형적 특징을 그대로 보여주는 조각품으로도 봐야 하지 않을까 싶습니다.

청동기 시대의 유일한 생활용품
청동거울과 거푸집

청동거울은 청동기 시대에 만들어진 거의 유일한 생활용품입니다. 권력층이 사용했을 것이라고 추정하기도 하지만, 거푸집이 같이 출토된 것을 보면 당시에 대량생산되어서 대중적으로 널리 사용되었던 것을 알 수 있습니다. 이렇게 청동으로 만들어진 거울은 청동기 시대 뿐 아니라 이후 판유리 거울이 등장하는 근대까지 매우 오랫동안 사용되었던, 실용성이 높았던 거울이었습니다.

청동기 시대 · 청동

청동기 시대의 유물 중에는 무기류 말고도 생활용품이 꽤 있습니다. 아마 청동기 시대에는 청동으로 생활용품도 많이 만들었던 것 같습니다. 그렇지만 오랜 세월 속에서 대부분 없어지고 남아 있는 것은 얼마 되지 않습니다. 그래서 남아 있는 몇 개의 유물을 통해 당시의 모습을 상상할 수밖에 없는데, 그중에서 가장 많이 남아 있는 것이 '청동거울'입니다.

청동거울은 고대부터 동아시아 사회에서 사용되었던 중요한 생활용품이었습니다. 삼국 시대나 통일신라, 고려 시대에는 중국에서 만든 청동거울이 많이 수입되었습니다. 그래서 청동기 시대의 거울도 중국의 것이 우리에게 전파되었다고 생각하기가 쉽습니다. 하지만 청동기 시대의 청동거울은 자체의 청동 기술을 바탕으로 독자적으로 개발되어 만들어졌던 것으로 보입니다. 중국의 영향을 받지 않은 독자적인 디자인이 대부분이기 때문입니다.

청동거울은 평평하고 깨끗하게 만들어져서 번쩍번쩍 빛나고 반사가 잘 되는 앞면을 사용합니다. 그렇기 때문에 앞면은 그다지 볼 게 없습니다. 청동거울의 아름다움이나 만든 솜씨는 대부분 거울의 뒷면에 표현됩니다. 우리가 보는 청동거울의 모습은 대체로 앞면이 아니라 뒷면입니다.

청동기 시대의 거울 중에는 뒷면에 가느다란 금을 그어 장식한 '다뉴세문경'이 있습니다. 다뉴세문경 중에서 가장 정교한 것은 그 금의 간격이 약 0.3mm 정도이고 작은 크기 안에 그어진 금의 개수가 무려 13,000여 개나 됩니다. 그냥 봐서는 금이 거의 보이지 않습니다. 청동기 시대에 어떻게 그런 세밀한 작업을 했는지 믿어지지 않는데, 우리나라가 반도체 강국이 된 데에는 이런 이유가 있겠다 싶은 생각이 듭니다.

이런 정교한 만듦새는 중국의 청동기 문화와는 전혀 다른, 우리 청동기 문화의 특징이기도 합니다. 중국의 청동기는 대체로 크고 화려한 장식이 두드러져 보이지만 정교하지는 않습니다. 단순하면서도 정교하게 만들어진 우리의 청동기는 중국의 청동기와는 확연히 구별되는데, 그만큼 뿌리가 달랐다는 것을 말해 줍니다. 고대에는 우리가 중국과 완전히 다른 맥락의 문화를 이루었다는 것을 알 수 있습니다.

1 청동거울의 뒷면

어떤 사람들은 청동거울이 너무 정교하기 때문에 일상생활에서 사용했던 게 아니라 제사장이 특별한 행사를 할 때 사용했던 상징적인 도구였다는 주장을 하기도 합니다. 그럴 수도 있었을 것 같습니다. 그런데 다뉴세문경의 정교한 장식이 대단한 것은 틀림없지만 어디까지나 그것은 장식일 뿐이고, 장식을 빼놓고 보면 청동거울은 일상생활용품으로서의 기능에 매우 충실한 모양입니다. 청동거울과 함께 출토되는 청동거울의 거푸집에 주목해 보아야 합니다.

청동거울의 거푸집은 파손된 부분이 많고 돌로 만들어졌기 때문에 그냥 보기에는 이상하게 생긴 돌덩어리 같습니다. 그래서 많은 사람이 주의 깊게 살펴보지 않습니다. 하지만 거푸집은 청동거울을 대량으로 찍어내는 형틀입니다. 그렇기 때문에 청동거울보다 훨씬 더 중요한 유물이라 할 수 있습니다.

거푸집 돌을 자세히 보면 돌덩어리에 청동거울이 투명하게 들어가 있는 것처럼 파여 있습니다. 순전히 손으로 이런 형태를 조각한 솜씨가 놀랍습니다. 이 거푸집과 함께 반대 모양으로 만들어진 거푸집을 양쪽으로 맞물리면 안쪽으로 거울 모양의 공간이 생기고 윗부분에 구멍이 만들어집니다. 이 부분으로 청동을 녹여 부으면 안의 빈 곳을 청동이 채우면서 청동거울이 만들어집니다. 같은 방식으로 여러 번 청동을 녹여 부으면 똑같은 모양의 청동거울을 여러 개 만들 수 있습니다. 붕어빵이나 청동검을 만드는 원리와 똑같습니다. 형틀에 녹인 쇠붙이 등을 부어서 만들기 때문에 이렇게 만든 물건을 '주물', 이 과정을 '주조'라고 합니다.

여기서 중요한 것은 무기가 아니라 거울 같은 일상 생활용품을 돌을 깎아 만든 거푸집으로 대량생산

2 청동거울의 거푸집
3 청동거울의 생산 과정

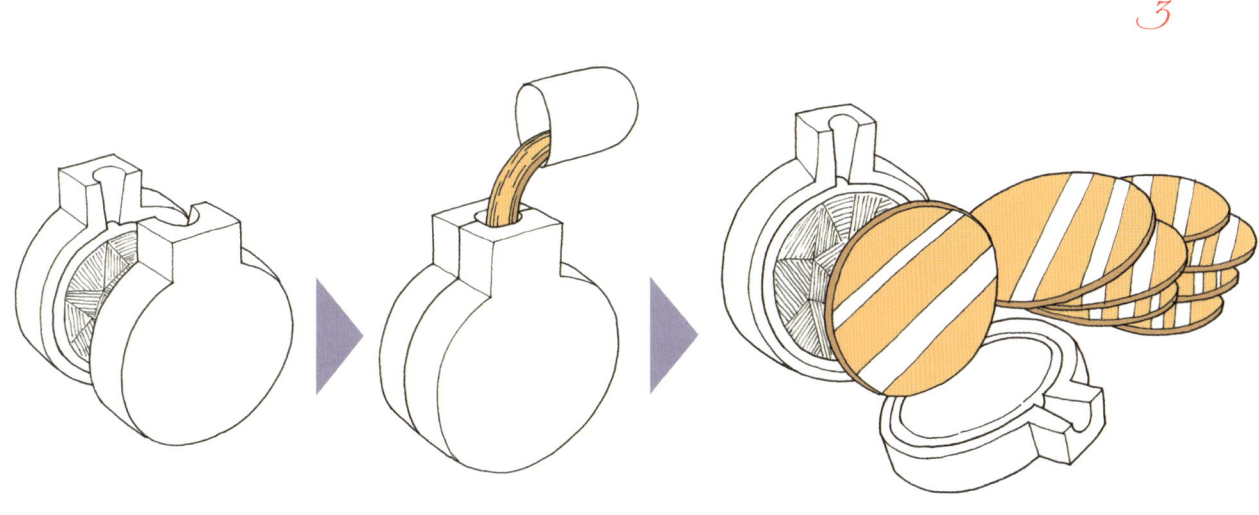

했다는 사실입니다. 거푸집이 있다는 것은 공예품처럼 손으로 하나씩 만든 게 아니라 똑같은 형태를 대량생산했다는 것을 말해 줍니다.

당시 청동은 귀한 재료였고 생존에 필요한 무기를 만들기 위해서 개발되었습니다. 그런데 그런 재료와 생산방식으로 거울과 같은 생활용품도 만들었다는 것은 우연히 나타날 수 있는 일이 아닙니다. 대개 거울이나 칼과 같은 청동 유물들을 당시에는 지배 계급들만 사용했다는 견해가 많습니다. 돌로 만들어진 거푸집 하나로 청동거울을 몇 개나 만들 수 있을까요? 사용하기에 따라서는 거의 무한정으로 생산할 수 있습니다. 거푸집으로 만들어졌던 청동거울의 양은 당시 지배계급의 수를 한참이나 넘어섰을 것입니다.

그러므로 칼이든 거울이든 거푸집으로 만들었다는 것은 대량생산을 했다는 증거이며, 그만큼 사회적 수요가 많았다는 것을 의미합니다. 특히 거울과 같은 생활용품에 대한 수요가 컸다는 것은 그만큼 사회 전체의 경제 수준이 뛰어났었다는 것을 의미합니다.

인류 역사에서 이렇게 생활용품을 금속으로 대량생산해서 많은 사람이 부담 없이 쓸 수 있게 되었던 것은 현대 산업사회에 들어서나 볼 수 있는 현상입니다. 남아 있는 게 많지 않아서 그렇지, 당시에 청동으로 거울만 만들지는 않았을 것입니다. 비록 지금 우리는 돌로 만들어진 파손된 거푸집 조각 밖에 볼 수 없지만, 이것을 통해 청동기 시대에 만들어졌던 수많은 생활용품을 상상할 수 있고, 윤택하게 살았던 당시 사람들의 삶을 상상할 수 있습니다.

청동기 시대에 만들어졌던 아름다운 석기
구멍무늬가 있는 석검

구멍무늬가 있는 석검은 청동기 시대에 만들어진 석기입니다. 금속을 다룰 수 있는 기술이 발전하면서 돌을 다루는 솜씨도 한층 발전한 것을 살펴볼 수 있는데, 손잡이 부분의 인체공학적인 곡면 처리는 실용성과 아름다움을 아주 잘 조화시킨 형태입니다. 얇게 판 구멍들을 전면에 넣어 손이 잘 미끄러지지 않게 하면서도 손잡이 전체에 패턴을 넣은 것 역시 기능성과 아름다움을 아주 잘 조화시킨 결과로 보입니다.

청동기 시대 · 돌

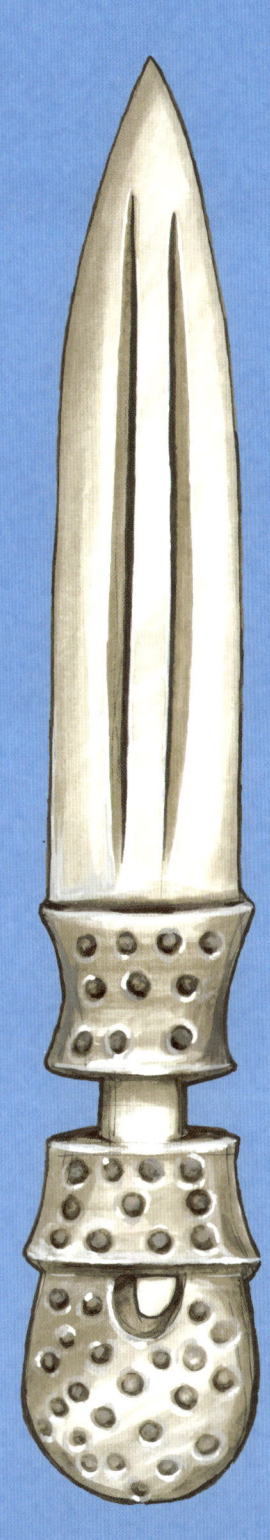

청동기 시대에는 무엇이든 청동으로 만들었을 것 같지만, 당시에 주로 사용되었던 재료는 '돌'이었습니다. 청동은 여전히 구하기 쉽지 않은 재료였고, 돌은 주변에서 쉽게 구할 수 있는 재료였기 때문입니다. 그래서 신석기 시대에 만들어졌던 각종 도구들이 청동기 시대에도 많이 만들어졌습니다. 그렇다고 해서 청동기 시대의 석기들이 신석기 시대보다 더 뛰어나게 만들어졌던 것은 아닙니다. 철기 시대가 되어 돌보다 더 강한 재료로 연장을 만들 수 있기 전까지는 아무래도 돌을 쉽게 가공하기 어려웠을 것입니다.

그래서 신석기 시대의 것이든 청동기 시대의 것이든 돌로 만들어진 도구들을 보면 안타까운 마음이 일어납니다. 그렇게 매끄럽고 정교하게 만들기 위해서 얼마나 많은 고생을 했을지 눈에 선하기 때문입니다. 그렇다 보니 기계로 만든 것처럼 깔끔하고 완벽하게 만들어진 석기들을 보면 저절로 탄성이 터져나옵니다. 똑같은 모양으로 만들어진 돌화살촉이나 한 손에 들기 편하게 만들어진 마제 석검들을 보면 감탄을 금할 수 없습니다. 솜씨만 보면 고려청자나 조선백자에 비해 결코 낮추어 볼 수 없습니다.

청동기 시대에 만들어진 석검 중에는 구멍무늬가 새겨진 것들이 있는데(그림 2), 형태가 너무 예뻐서 눈길을 끕니다. 석검이다 보니 청동검처럼 부분을 조립한 형태가 아니라 날과 손잡이가 하나의 구조로 만들어져 있는데, 칼날 쪽은 일반적인 칼의 모양과 같고 구멍들로 이루어진 패턴은 손잡이에 집중되어 있습니다. 얕게 파인 둥근 모양이 반복되어 있어 고대에 만들어진 칼임에도 디자인이 아주 매력적입니다. 이른바 '물방울무늬'라 불리는 '도트dot'가 반복되는 패턴은 요즘에도 세련되고 귀여운 이미지로 주목받고 있지요. 그런데 이런 물방울무늬가 평면이 아니라 입체적인 칼의 손잡이에 새겨져 있어서 더욱 독특하고, 심지어 현대 디자인을 넘어선 것 같아 보입니다.

1 정교하게 만들어진 석검

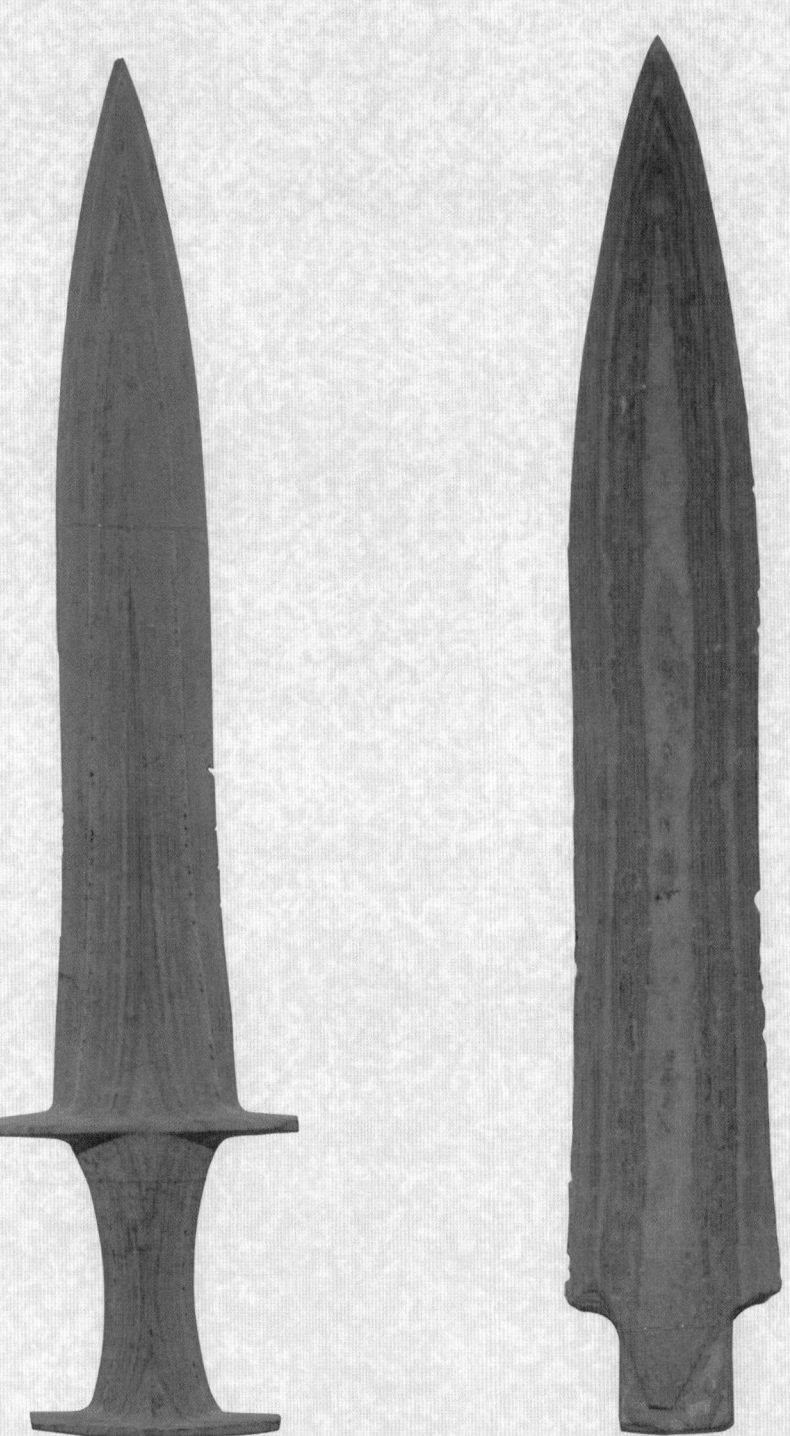

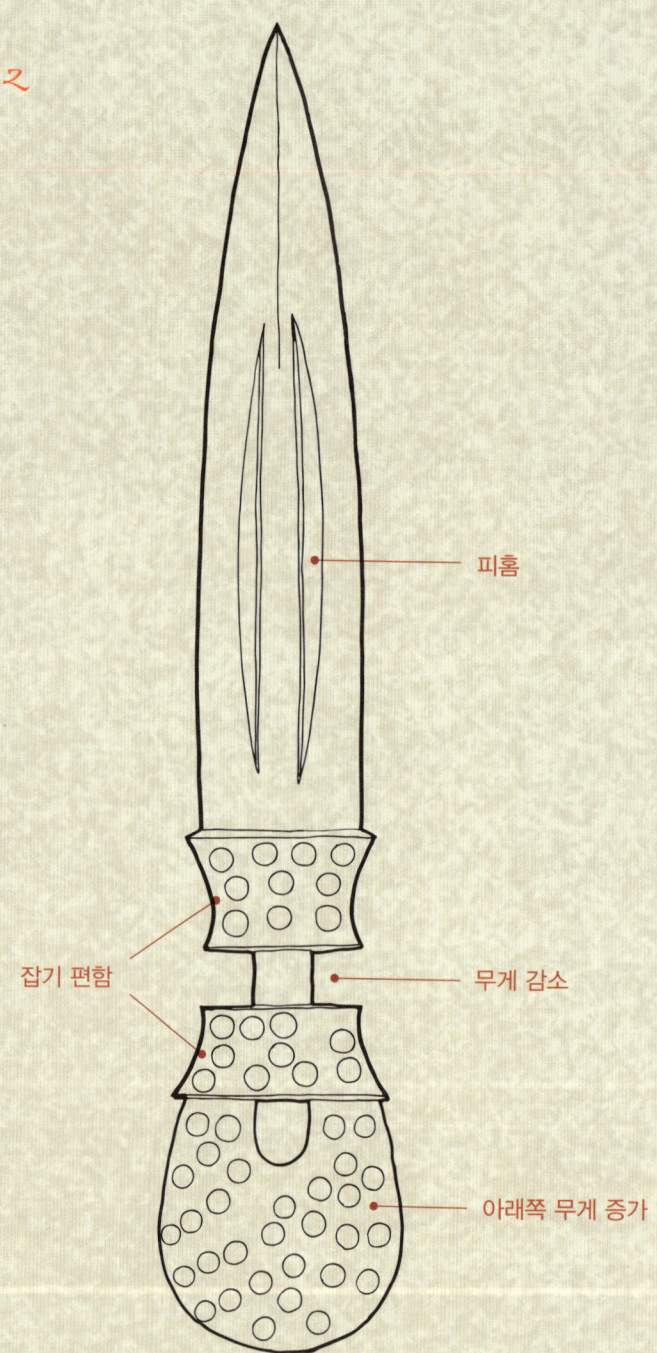

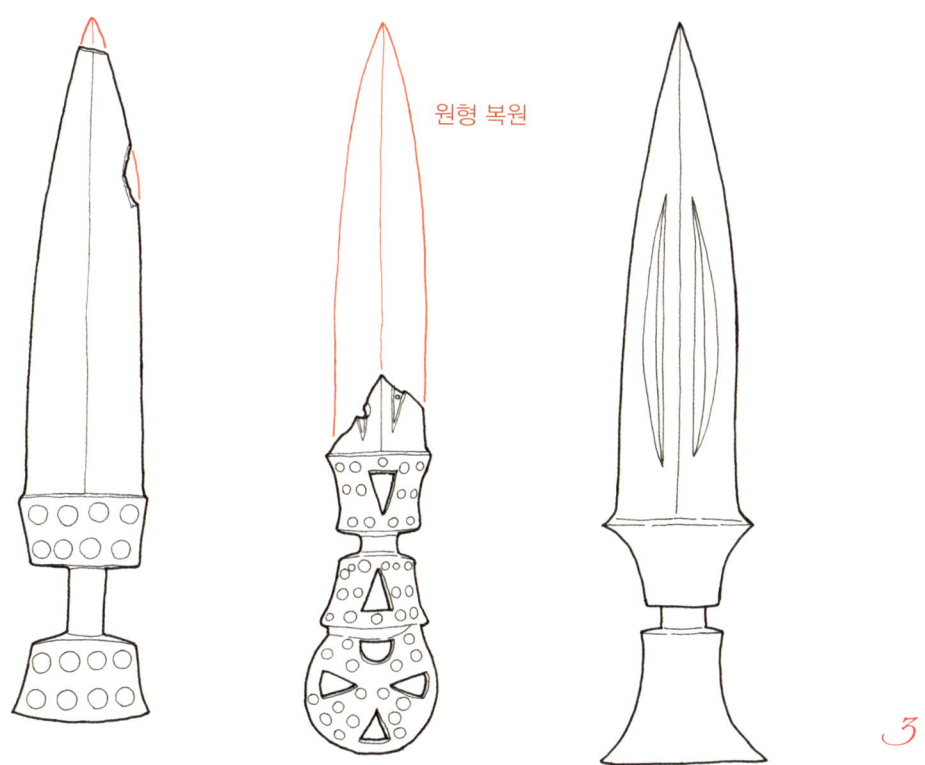

원형 복원

손잡이의 모양은 완만한 곡면으로 우아하고 귀엽게 만들어졌는데, 검의 전체 모양은 물론 구멍들로 이루어진 패턴과도 자연스럽게 연결되는 느낌입니다. 그러다 보니 칼이 꼭 장식용 소품처럼 보입니다.

하지만 칼날에 새겨진 피홈을 보면 그런 천진난만한 생각이 확 달아납니다. 실제로 사람을 찌르는 용도가 아니라면 칼날에 굳이 피홈을 만들 필요가 없습니다. 칼날에 피홈이 있다는 것은 이 칼이 실전용으로 만들어졌다는 것을 증명합니다.

피홈이 있는 칼날도 그렇지만, 손잡이의 모양을 자세히 보면 이 칼이 그냥 예쁘게만 만들어진 게 아니라는 것을 알 수 있습니다. 손잡이 부분의 구조를 보면 손으로 잡는 부분 아래로 둥글게 부푼 듯한 덩어리가 붙어 있습니다. 구멍무늬가 시선을 어지럽히기도 하지만, 이 부분의 둥그스름한 모양이 길쭉한 칼의 모양에 아주 잘 어울리기 때문에 이상해 보이지 않습니다. 그런데 잘 생각해 보면 손잡이 아래에 이런 게 붙어 있다는 것이 좀 이상합니다. 일단 손으로 잡는 데에 있어서 이 둥근 부분은 별 역할을 하지 않습니다. 보통 칼에는 이렇게 거추장스러운 것을 붙이지 않습니다. 비슷한 유형의 다른 석검에도 이런 부분은 거의 없습니다.

또 하나 특이한 것은 손으로 잡는 부분의 가운데 부분이 깎여 있다는 것입니다. 손으로 잡는 데에 그리 큰 불편을 주지는 않지만, 뜬금없이 비어 있습니다. 이 부분은 다른 석검들도 비슷하게 만들어져 있

---

2 구멍 뚫린 석검의 구조
3 구멍 뚫린 석검과 유사한 모양의 석검들

어서 고개를 갸우뚱하게 합니다. 돌을 정교하게 깎아서 만들었다는 것을 생각해 보면 분명히 이유가 있는 것 같습니다. 어떤 이유로 이렇게 만들었을까요?

이 두 가지 특징적인 구조에는 '칼의 무게'라는 변수가 있습니다. 석검이나 청동검은 철검이 나오기 전까지 견고함과 무게의 상호 관계에 따른 제약이 컸습니다. 검날이 얇으면 칼이 쉽게 부러지고, 검날이 두꺼우면 잘 안 부러집니다. 그래서 철로 만든 검이 등장하기 이전에는 날을 좀 두툼하게 만들었습니다. 그런데 날이 두툼하니 자연히 칼날 부분이 무거워져서 사용하는 데에 문제가 생겼습니다. 앞이 무거우니 손목에 힘이 많이 들어가고, 칼을 자유롭게 휘두르기가 어렵습니다. 이런 문제를 해결하기 위해서 돌이나 청동으로 만들어진 고대의 칼들은 손잡이 아래쪽을 무겁게 하여 균형을 잡을 수 있게 했습니다. 청동검에서는 칼의 손잡이 맨 아랫부분에 부착되는 '배중석'이 그런 역할을 했습니다.

이 석검에서는 그런 문제를 손잡이 아랫부분에 둥근 덩어리를 달아 해결한 것입니다. 손잡이 아랫부분에 장식처럼 붙어 있는 형태가 칼 아래쪽을 무겁게 하여 칼날 쪽과 무게 균형을 잡습니다. 그래서 칼을 휘두를 때 손에 힘이 많이 들어가지 않고, 칼도 재빠르게 움직일 수 있습니다. 실제로 전투할 때 이것은 정말 큰 역할을 합니다.

이렇게 칼의 위, 아래가 무게 중심을 잡으면 사용하는 데에는 아주 좋은데, 문제는 칼 전체의 무게가 무거워진다는 것입니다. 바로 손잡이 부분의 빈 틈새가 이 문제를 해결하기 위한 조치로 보입니다. 이 정도로 비운다고 얼마나 무게를 감소시킬까 싶지만, 작은 칼이기 때문에 그 효과는 생각보다 큽니다. 손잡이에서 그 정도의 덩어리만 없어져도 칼의 무게가 주는 부담감은 대폭 감소됩니다. 손잡이를 미끈한 곡면으로만 만들지 않고 이렇게 가운데를 비우면 가죽 같은 것을 감을 때도 편하고, 자체적으로 마찰이 생겨 손에서 잘 미끄러지지 않는다는 장점도 있습니다. 손으로 잡는 데에는 전혀 불편을 주지 않으면서 이렇게 전체 무게를 줄이는 아이디어가 정말 뛰어납니다.

이처럼 작고 귀여운 구멍무늬가 있는 이 석검 안에는 칼의 기능을 강화시키는 다양한 구조들이 결합되어 있습니다. 물론 칼을 아주 예쁘게 만들었다는 것도 주목해야 할 점입니다. 기능성과 아름다움을 동시에 갖는 매우 고차원적인 디자인이기 때문입니다. 청동기 시대에 만들어진 칼로 보기에는 대단히 현대적입니다.

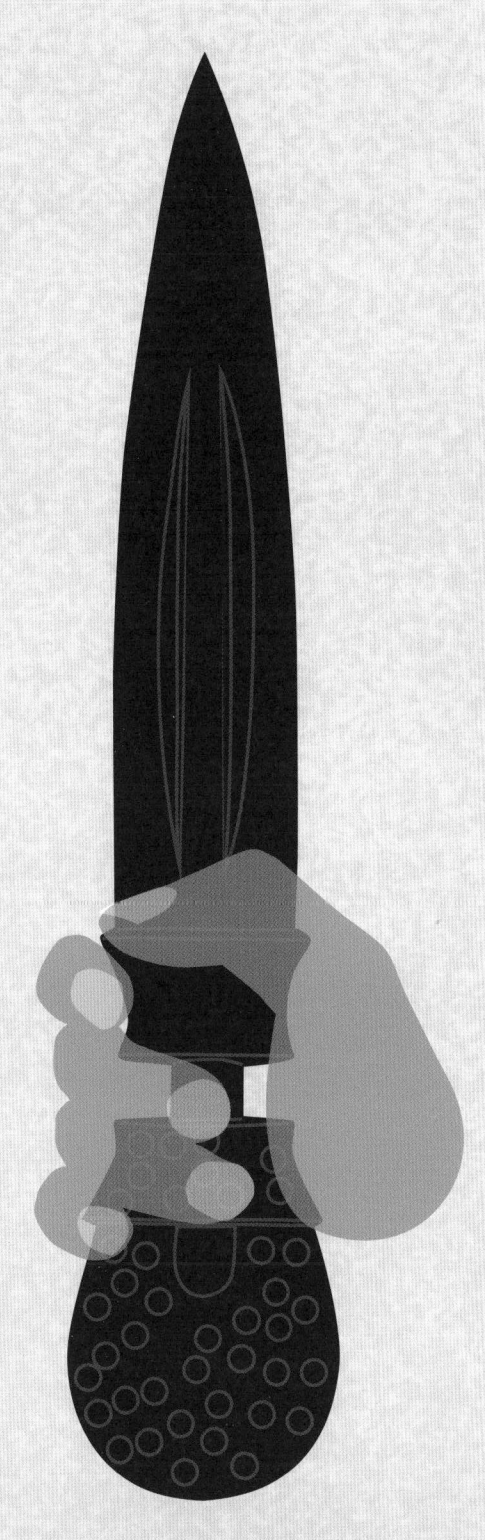

자연으로 만든 도구
돌자귀 자루

청동기 시대의 돌자귀 같은 도구는 그리 눈길을 끌지 못하는 유물입니다. 하지만 이 소박해 보이는 도구 안에는 조선 시대까지 이어지는 자연주의적 미학이 잘 표현되어 있습니다. 그냥 보면 대충 만든 것 같지만, 나무의 자연적 속성을 최대한 살려서 만들었습니다. 인위적으로 깔끔하게 다듬어서 자연적 속성을 잃은 나무를 오히려 좋지 않게 보았기 때문에 이렇게 만들었던 것입니다. 이렇게 자연을 존중하는 태도는 이후 조선 시대까지 이어집니다.

청동기 시대 · 나무, 돌

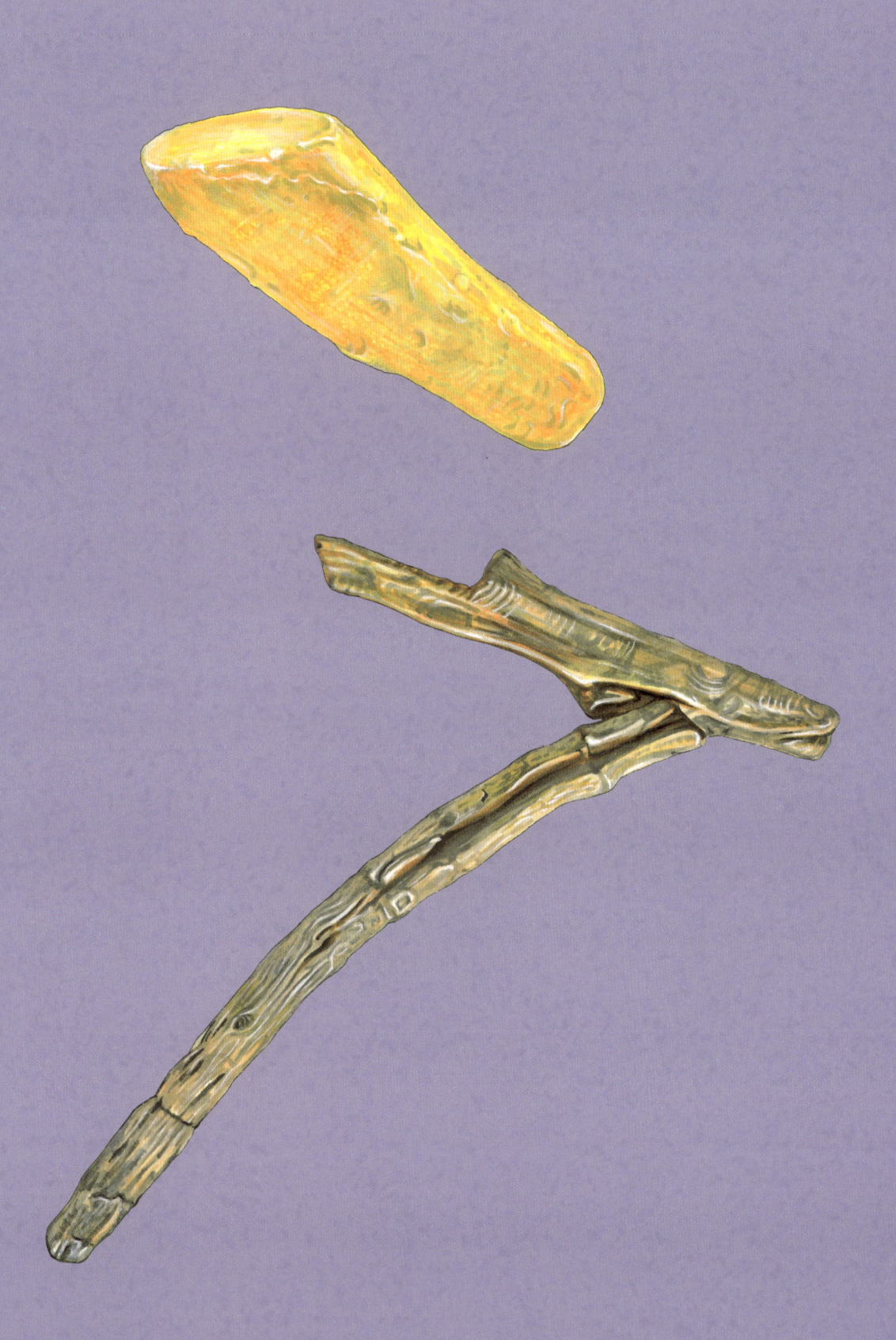

검이나 도끼 등 돌로 만든 청동기 시대의 석기들은 주로 손잡이 역할을 하는 자루에 연결하여 사용했습니다. 그런데 주로 나무로 만들어졌던 자루는 오랜 세월을 견디지 못하고 대부분 부식되어 버려서 원래의 형태를 추정하기가 어렵습니다. 하지만 그런 중에도 세월의 벽을 넘어서서 본래의 모습을 그대로 간직한 것들이 출토되어 다행히 당시의 모습을 추측할 수 있게 해줍니다. 청동기 시대의 돌자귀 자루가 그런 고마운 유물 중 하나입니다.

청동기 시대의 돌자귀 자루는 오랜 세월 동안 시간 여행을 한 탓에 상태가 그렇게 깔끔하지는 않습니다. 그렇지만 만들어졌을 당시의 원형을 상당히 많이 유지하고 있는 편이어서 세월에 흩어져 나간 부분을 고려하여 살펴보면 청동기 시대의 도구들이 어떻게 만들어졌는지 유추할 수 있습니다.

먼저 눈에 띄는 것은 요즘 도구의 자루처럼 도구 형태에 맞추어 깔끔하게 다듬어서 만들지 않았다는 것입니다. 자연 그대로의 나무 상태를 되도록 유지하면서 돌자귀의 자루 역할을 할 수 있도록 최소한으로 다듬어졌습니다.

돌자귀 자루는 다른 도구의 자루와는 달리 ㄱ자로 꺾여 있습니다. '자귀'는 베거나 잘라놓은 나무를 다듬거나 깎는 도구입니다. 그런 작업을 편하게 하려면 자귀의 날과 손잡이의 각도가 90도 이하로 꺾어지는 것이 좋습니다. 그래서 옛날부터 자귀 자루는 ㄱ자로 꺾어진 형태로 만들었습니다. 그런데 자귀 자루의 꺾어진 부분을 자세히 보면 나무를 깎아서 꺾어진 형태로 만든 게 아니라 나뭇가지가 자란 각도를 잘 활용하여 최소한으로 다듬어 만들었다는 것을 알 수 있습니다. 말하자면 나뭇가지의 어떤 부분을 그대로 잘라서 꺾어진 자귀 자루로 활용한 것입니다. 나무를 깎아서 ㄱ자로 만드는 것보다 훨씬 합리적이고 단단한 자루를 얻는 방법입니다. 그렇다면 자귀 자루는 나무의 어떤 부분을 잘라 낸 것일까요?

이 돌자귀 자루를 보면 손으로 잡는 자루 부분은 가늘고 길며, 돌자귀가 부착되는 부분은 좀 더 크고 굵습니다. 그렇다면 이 자귀 자루는 나무줄기에서 가지가 뻗어나가는 지점을 중심으로 자귀 자루가 거꾸로 뒤집어진 모양으로 잘라 내어 만든 것이라는 것을 알 수 있습니다.

---

1 돌자귀의 돌날들. 국립중앙박물관

그렇게 하면 최소의 가공으로 훌륭한 자귀 자루를 얻을 수 있는데, 원래의 나무 구조를 그대로 이용한 것이기 때문에 충격에도 강하고 만들기도 쉽습니다. 말하자면 기능적으로도 뛰어나고 생산의 효율성도 뛰어난 것이지요. 게다가 자연을 그대로 품고 있는 형태이기 때문에 요즘의 관점에서는 '바이오bio' 디자인이나 '오가닉organic' 디자인이라고 할 수 있습니다. 나무줄기에서 가지가 뻗어나가는 각도를 자귀 자루의 꺾인 각도로 활용한 지혜가 정말 탁월합니다.

이렇게 도구의 손잡이나 부속품들을 나무의 자연스러운 모양을 그대로 활용해서 만드는 경우는 조선 시대의 호미나 지게 같은 도구들에서도 흔히 볼 수 있습니다(그림 3). 나무로 만들어진 조선 시대의 도구들을 보면 대부분 이 자귀 자루처럼 나무를 인위적으로 세밀하게 다듬지 않고 나무의 원래 모양을 최대한 살려서 만들었습니다.

그런데 이런 깊은 생각과 그에 따른 솜씨로 만들어진 도구들을 현대적인 시각으로만 바라보고 너무 소박하다고 평가하는 경우가 많습니다. 그 이면에는 만드는 솜씨가 뛰어나지 못했다는 의미도 담겨 있습니다. 다른 나라의 정교해 보이는 도구들과 비교하면 그렇게 볼 수도 있습니다. 하지만 조금 더 깊이 생각해 보면 그것보다 더 중요한 가치가 이 도구들에 숨어 있습니다. 이런 가치를 저버리고 뒤떨어지는 시대의 유물이라고 생각하는 것은 너무 안타까운 일입니다.

---

2 여러 종류의 돌날에 따른 자루의 결합
3 나무의 속성을 그대로 살려서 만든 각종 도구들

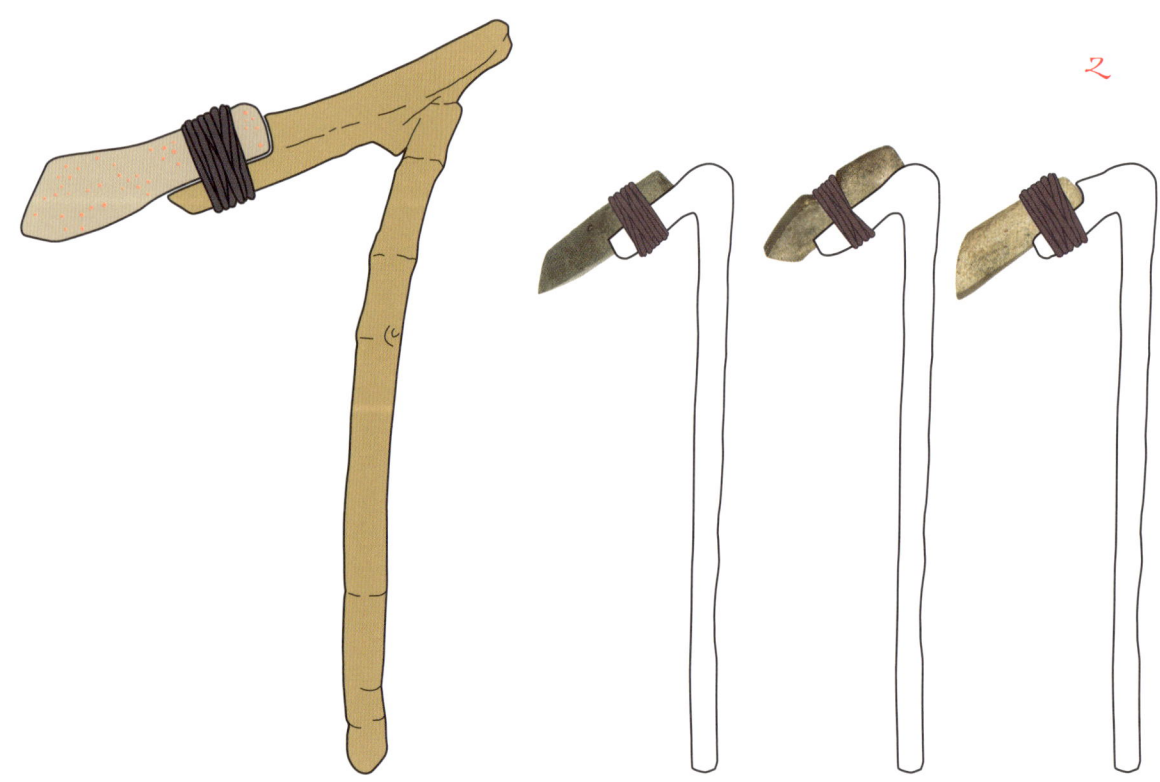

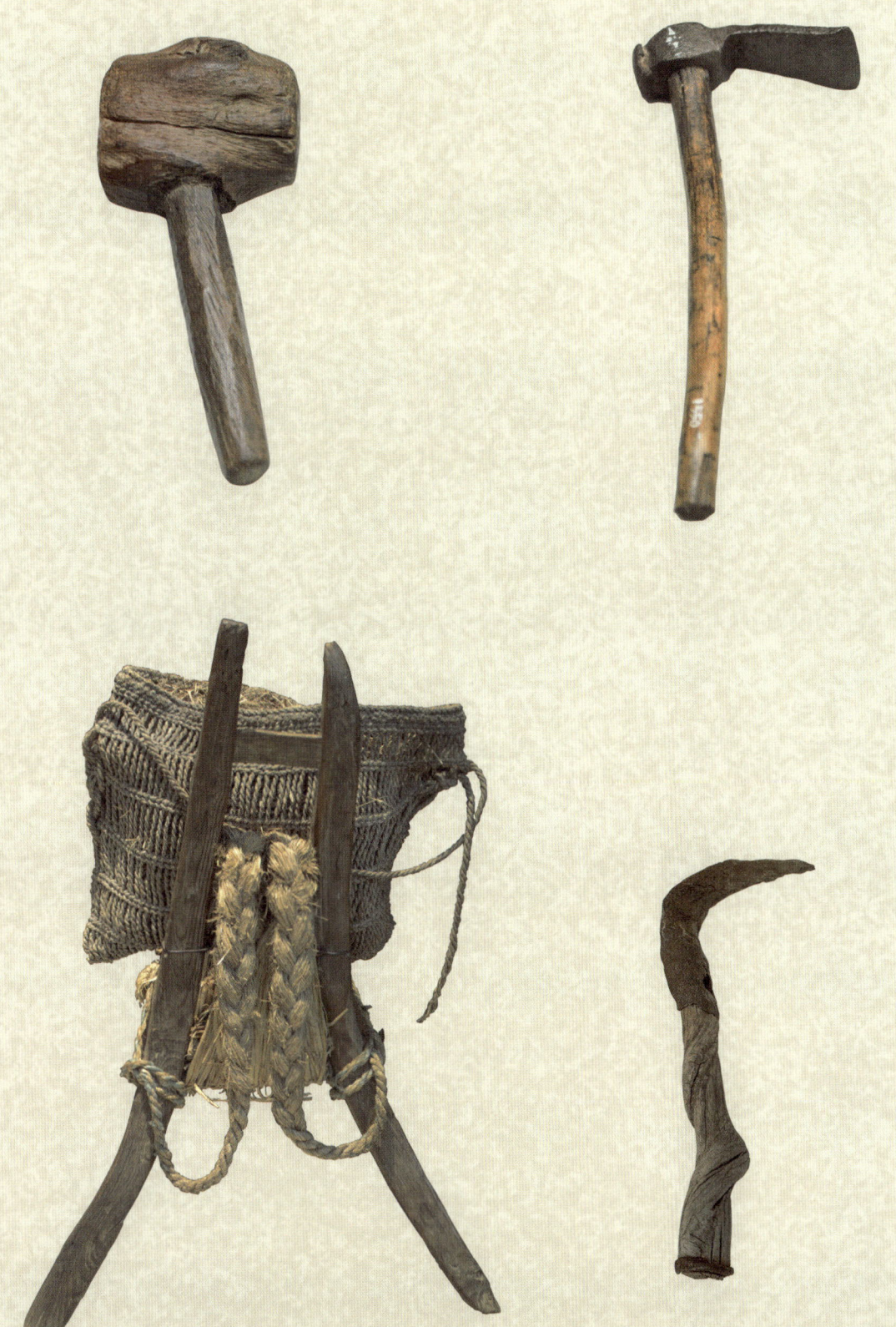

오히려 나무를 깔끔하고 정교하게 다듬어 도구를 만드는 것은 생각보다 어렵지 않습니다. 게다가 통일신라 시대나 고려 시대의 금속공예품들이나 청자, 백자들을 보면 우리 민족의 손재주는 세계 최고 수준입니다. 그러니 나무를 정교하게 깎아서 도구를 만드는 것쯤은 얼마든지 할 수 있었겠지요. 그럼에도 그렇게 하지 않았던 것은 나무를 대하는 입장 때문이었다고 볼 수 있습니다.

나무는 생명체이고 자연입니다. 이런 재료를 인위적으로 깔끔하게 다듬어서 도구를 만들어 버리면 살아 있는 나무의 자연성, 생명성이 완전히 파괴됩니다. 그래서 우리 선조들은 살아 숨 쉬는 나무의 원래 모습을 최대한 존중하여 도구로 만들었던 것입니다. 그러니 이런 도구들을 그냥 겉모양만 보고 소박하다거나 자연스럽다고 하는 것은 조상들의 깊은 뜻을 외면하는 일이 됩니다.

청동기 시대의 돌자귀 자루를 보면 이런 제작방식이 조선 시대까지 이어진, 우리 역사에서 대단히 오래된 전통이라는 것을 확인하게 됩니다. 세계 어디에서 이런 생활형 도구를 돌과 나무가 조화를 이루고 있는 자연의 모습을 담아 만들었을까요? 항상 자연과 함께하면서 주어진 환경 속에서 최적의 삶을 끌어 내었던 우리 선조들의 현명한 삶이 이 돌자귀 자루를 통해 은은하게 다가오는 것 같습니다. 우리 역시 청동기 시대의 선조들처럼 그렇게 자연을 존중하며 살아야 하지 않을까 싶습니다.

....

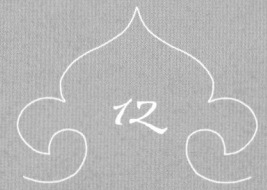

하늘을 나는 그릇
오리모양토기

그릇인데도 오리 모양으로 만들어져 친근하게 다가오는 유물입니다.
오리 모양을 적용하여 주전자로 만든 아이디어가 아주 돋보이는데,
요즘의 캐릭터 상품과 비교해도 전혀 모자라지 않습니다. 이 토기의
오리 모양은 사실적이지 않고 현대 조각처럼 추상화되어 있습니다.
이런 고도의 추상 조각은 문명이 발달되어야 나타나는데, 삼국 시대
이전에 이런 추상 조각이 만들어졌다는 것은 매우 놀라운 일입니다.
이 토기 뒤에는 어떤 비밀이 숨어 있을까요?

삼한 시대 · 토기

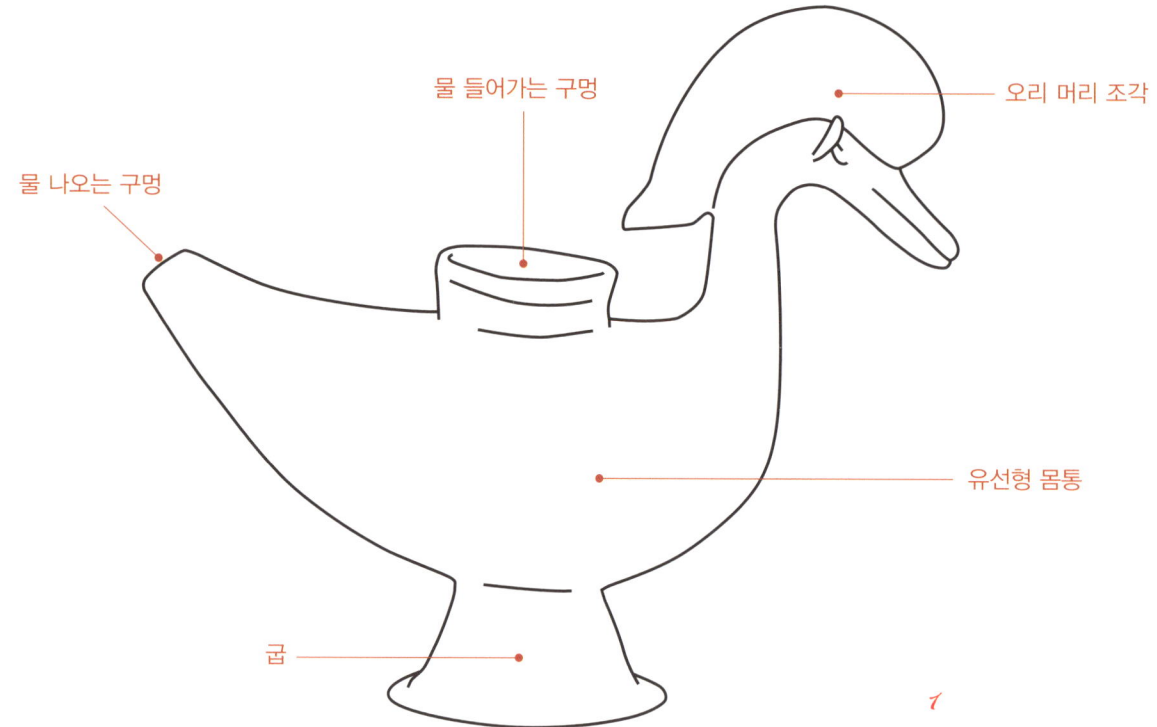

고조선 시대에서 삼국 시대 초기까지 만들어졌던 토기들을 보면, 좋게 말하면 단순하고 나쁘게 말하면 밋밋하고 평범합니다. 그런데 이런 그릇들 사이로 완전히 다른 스타일의 토기가 하나 보입니다. 오리 모양으로 만들어진 토기입니다. 비슷한 시대의 다른 그릇들이 단순하고 기하학적인 형태로 만들어진 데에 비해 이 오리 모양의 토기는 구체적인 형상으로 만들어졌습니다. 그래서 그릇보다는 조각에 더 가까워 보입니다.

우리나라에서든 세계적으로든 이렇게 그릇류가 동물의 형태로 만들어진 경우는 거의 없습니다. 그릇이면 그릇, 조각이면 조각, 둘 중 하나로 만들어지는 것이 일반적입니다. 그런데 이 토기는 오리 모양의 조각임과 동시에 그릇입니다.

1 오리모양토기의 구조

오리모양토기의 꼬리 부분을 보면 구멍이 뚫려 있습니다. 오리의 등 부분에도 큰 구멍이 뚫려 있습니다. 이것을 보면 이 토기가 주전자로 사용되었다는 것을 알 수 있습니다. 꼬리 부분이 물이 나오는 주전자의 주둥이가 되고 등의 큰 구멍은 물을 넣는 주입구입니다. 오리 모양이 자연스럽게 주전자가 되는 것이 아주 재미있는데, 주전자로 사용하는 데에 기능적으로 아무 문제가 없습니다. 높은 굽이 만들어져 있는 것을 보면 이 토기는 제사와 같은 의례용으로 사용되었던 것 같습니다. 오리 모양에서 주전자 디자인을 이끌어낸 감각은 오늘날의 시각에서도 상당히 돋보입니다.

재미있는 것은 이 토기가 전체적으로는 오리 모양으로 만들어진 것 같지만, 자세히 살펴보면 어느 한 부분도 오리와 똑같지 않다는 점입니다. 일단 머리를 보면 부리 부분 말고는 오리와 전혀 다르게 생겼습니다. 특히 머리 한가운데의 벼슬은 지구상의 어떤 오리에게서도 볼 수 없는 모양이고, 눈도 오리와는 완전히 다른 모양입니다. 몸통도 그렇습니다. 가장 중요한 날개는 아예 없고, 그저 가슴 부분에서 꼬리 부분으로 유연하게 흐르는 곡면으로만 만들어졌습니다. 오리의 몸통보다는 비행기나 배 같은 유선형에 가깝습니다.

이처럼 머리 부분이나 몸통 부분이 오리의 모양과 직접적으로는 관계가 없어 보이지만, 이 부분들이 합쳐진 형태는 그 어떤 오리보다도 더 오리처럼 보입니다. 어떻게 된 것일까요?

이렇게 형상을 그대로 표현하지 않고 그 안에 담긴 본질적인 이미지만 강하게 부각하여 표현하는 것을 미술에서는 '추상'이라고 합니다. 추상은 눈에 보이는 대상의 겉모습이 아니라 그 안에 들어 있는 내적 특징만 추출해서 표현합니다. 현대미술에서 주로 나타나는 특징인데, 그런 시각에서 보면 이 오리 모양의 토기는 뛰어난 추상 조각품이라 할 만합니다.

2 주전자로 만들어진 오리모양토기

오리 모양으로 만들어진 다른 토기들도 오리의 얼굴을 매우 다양한 구조로 표현하고 있습니다. 이들 역시 지금 보아도 현대 추상 조각에 비해 모자람이 없습니다.

스페인 바르셀로나에는 가우디라는 천재적인 건축가가 디자인한 '성가족 성당'이 있습니다. 이 성당 앞쪽은 사람이나 동물, 식물들을 사실적으로 만든 고전주의 경향의 조각들로 장식되어 있는데, 뒤쪽은 오리모양토기처럼 추상화된 형태들로 장식되어 있습니다. 말을 탄 기사나 개를 보면 실제 모습과는 전혀 다르게 만들어졌지만, 무엇을 만들어 놓은 것인지 알아보기에는 전혀

3 오리의 얼굴을 추상화한 다양한 오리모양토기의 머리 부분

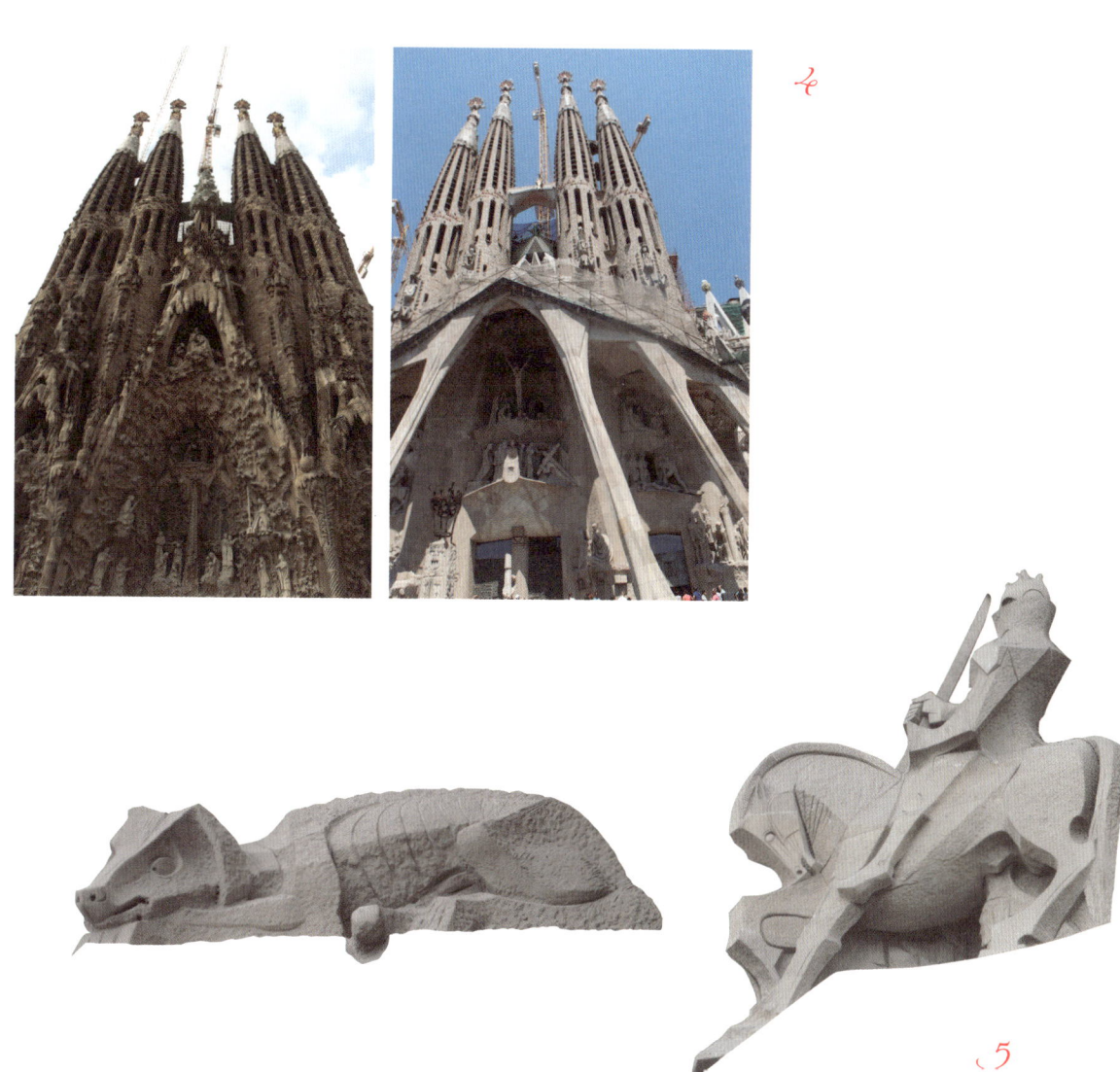

문제가 없습니다. 중요한 점은 이렇게 특징만 추려서 만들었기 때문에 실제 모양보다도 더 이미지가 강렬하고 재미있게 다가온다는 것입니다. 오리모양토기가 부분적으로는 오리와 똑같지 않지만, 전체적으로 보면 더 오리 같아 보이는 것과 마찬가지입니다.

   오리모양토기는 고조선이 멸망한 이후 낙동강 유역에서 많이 만들어지는데, 그런 흐름은 삼국 시대까지 이어집니다. 삼국 시대에는 주로 신라나 가야 지역에서 많이 만들었습니다. 그러다 보니 오리모양토기는 한 가지 모양으로만 만들어진 게 아니라 시대나 지역에 따라 다양하게 만들어졌습니다. 이들을 모아 놓고 보면 하나의 소재에서 이토록 다양한 디자인이 탄생했다는 사실에 상당히 놀라게 됩니다.

---

4 가우디의 성가족 성당 앞쪽과 뒤쪽의 모습
5 가우디의 성가족 성당 뒤쪽에 만들어진 개와 기사의 추상적인 조각

6

　각각의 오리모양토기들은 오리를 주제로 해서 만들어졌다는 것과 유선형의 주전자로 만들어졌다는 공통점 말고는 모두 다릅니다. 부리부터 몸통까지 우아한 곡면으로만 만든 것, 굽(밑바닥에 붙은 받침)이 목과 비슷한 얇은 원기둥 형태인 것, 굽 대신 다리가 세 개 붙어 있는 것, 몸통을 날렵하지 않고 둥글게 만들어 주전자 안에 내용물을 많이 담을 수 있는 것, 날개를 붙이고 굽을 인상적인 구조로 디자인하여 매우 화려하게 만든 것 등이 있습니다. 각각의 토기가 다양한 개념과 형태로 디자인되어 오리모양토기의 조각적인 특징들을 한껏 즐길 수가 있습니다.

　중국이나 여타의 문화권에서도 아주 옛날부터 이렇게 사실적인 형태가 아닌 추상적인 형태의 조각이 많이 만들어졌습니다. 그렇지만 우리나라의 오리모양토기나 현대조각과 다른 점은 이들 대부분이 장식을 위해 만들어졌다는 것입니다. 대상의 특징이나 본질을 추상화하여 표현하려는 의도보다는 화려하게 장식하고자 하는 목적에 따라 만들어진 것이 많습니다. 그렇기 때문에 무엇을 만들었는지 알기 어렵고, 대부분 형태가 복잡합니다. 그에 비해 오리모양토기는 전혀 장식적이지 않고 심플하게 만들어졌습니다. 오리의 특징만 추려서 표현했기 때문에 복잡해질 수가 없었던 것입니다. 그렇기 때문에 오리모양토기는 비슷한 시기에 만들어진 장식적인 형태의 토기보다는 현대의 추상 조각에 더 가깝습니다.

6 다양한 형태로 만들어진 오리 모양의 토기들
7 장식적인 형태로 만들어진 중국의 청동기 유물

8

　물론 이 토기가 만들어졌던 시기가 삼국 시대 이전의 시기이니 현대적 추상이라는 말을 붙이기가 쉽지 않습니다. 거의 2,000년에 가까운 시간 차가 있기 때문에 현대 조각에 나타나는 현상이 그때 똑같이 나타났다고 말하기가 참 어려운 것입니다. 우연히 이렇게 만들어진 것을 너무 과대평가하고 미화시켰다고 생각할 수도 있습니다. 하지만 작품은 거짓말을 하지 않지요. 이 토기가 현대 추상 조각에 가까운 특징을 지녔다는 것은 엄연한 사실입니다. 옛날에 만들어졌다고 해서 현대적인 추상성이 표현되었을 리 없다고 단정 지을 수도 없는 것입니다. 있는 것을 없다고 하는 것도 거짓이지요.

　이런 모양의 토기를 만들기 위해서는 먼저 오리의 조형적 특징을 정확하게 이해해야 합니다. 그리고 이해한 내용을 바탕으로 오리의 이미지를 실제 오리의 모양과는 완전히 다른 형태로 재창조해야 합니다. 이런 과정에서 요구되는 것은 감정이 아니라 사물을 이해하고 분석하는, 수준 높은 지적 능력입니다. 이런 추상적 형태는 그냥 손과 마음만 가지고 만든다고 해서 만들어지는 게 아니기 때문입니다.

8 오리모양토기 몸체의 아름다운 곡면 흐름

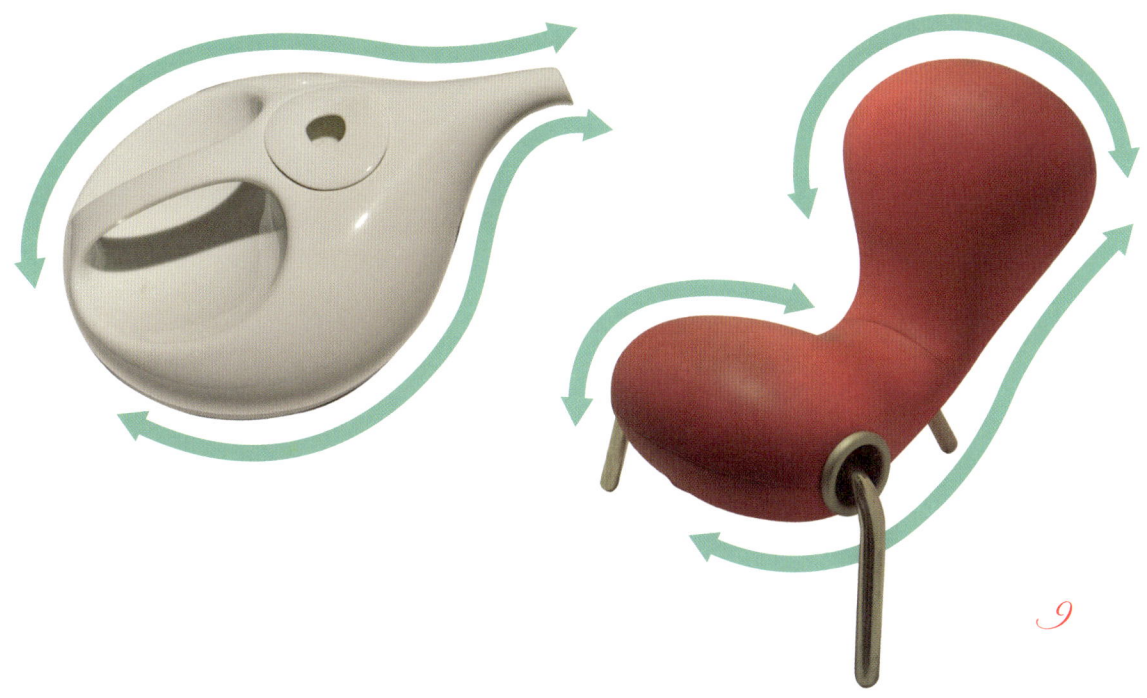

그런데 만드는 사람 개인만 이런 능력이 뛰어났던 것은 아닙니다. 지적으로 만들어진 형태를 알아보기 위해서는 사회 전체의 지적 능력도 뛰어나야 합니다. 그렇기 때문에 오리 모양의 토기 같은 추상적인 형태는 문명이 고도로 발달한 시대에서만 만들어질 수 있습니다. 20세기 현대에 들어와서야 추상미술이 등장했던 것도 다 그 때문이었습니다.

이런 추상성은 미술뿐 아니라 디자인에서도 그대로 나타납니다. 장식을 제거하고 단순한 곡면의 아름다움을 추구한 디자인들도 20세기에 들어서면서부터 본격적으로 나타납니다. 디자이너 루이지 꼴라니Luigi Colani가 디자인한 도자기를 보면 장식은 하나도 없지만 우아한 곡면으로 만들어진 형태가 대단히 아름답습니다. 마크 뉴슨Marc Newson이 디자인한 배아Embryo의자도 의자로서는 과분할 정도로 곡면의 흐름이 아름답습니다. 물론 아무런 장식도 없습니다. 재료나 모양은 다르지만 오리 모양의 토기는 이런 현대 디자인과 그대로 이어집니다. 어떻게 그 옛날에 이런 현대적인 조형성을 가진 유물이 만들어질 수 있었던 것일까요?

9 곡면의 흐름이 전체적으로 연결되어 아름다운 루이지 꼴라니의 도자기와 마크 뉴슨의 배아 의자

이 점에 있어서 우리는 혼란스러울 수밖에 없습니다. 이런 수준의 추상적 유물이 만들어졌다는 것은 당시의 문화 수준이 대단히 뛰어났었다는 것을 의미하는데, 오리모양토기가 만들어졌던 시대는 아직 삼국 시대가 본격화되기 전입니다. 고조선이 무너지고 삼국 시대가 등장하기 전까지의 혼란스러웠던 시대였습니다. 그런 시대에 이런 수준의 토기가 만들어졌다는 것은 우리가 알고 있는 역사와 실제의 역사가 매우 다를 수 있다는 것을 의미합니다.

문헌의 기록과 실제의 유물이 있는데, 각각이 설명하는 바가 전혀 반대라면 우리는 어느 것을 우선시해야 할까요? 답은 유물입니다. 문헌은 왜곡될 수 있지만, 유물은 왜곡될 수 없기 때문입니다. 그렇다면 이 오리 모양의 토기가 만들어졌던 시대는 역사에 기록된 것과는 달리 문명적으로 아주 발달했을 수 있습니다. 이 토기 말고도 비슷한 시대에 만들어진 유물들을 보면 그런 정황들을 충분히 추측할 수 있습니다. 하지만 아직 연구 결과가 충분하지 않기 때문에, 이 정도만 알고 넘어가는 게 좋을 것 같습니다.

제사나 각종 의례에 썼던 것이기는 했지만, 주전자를 추상성이 강한 오리 모양으로 만들어서 사용했던 것을 보면 우리가 알고 있는 것보다 당시의 문명은 상당히 높은 수준이었다는 것은 분명해 보입니다. 이 오리모양토기를 통해 과거의 역사를 바라보는 우리의 초점을 많이 조절해야 할 것 같습니다.

고조선 이후 시대의 모더니즘
새 조각 뚜껑을 가진 토기

아무런 장식이 없이 둥글게 만들어진 몸체와 뚜껑 위에 만들어진 새 조각을 보면 그렇게 특별해 보이지 않는 토기입니다. 그런데 구 형태에 가깝게 만들어진 몸체나 단순화된 새 모양을 보면 20세기 현대미술에서 나타나는 기하학적 추상 형태입니다. 고조선이 멸망한 후 삼국 시대가 시작되기 전, 그 옛날에 어떻게 이런 현대적인 형태의 토기가 만들어질 수 있었을까요? 보기와는 달리 우리에게 큰 의문을 던져 주는 토기입니다.

삼한 시대 · 토기

새 조각이 있는 뚜껑이 덮여 있는 이 둥근 토기는 고조선이 멸망하고 삼국 시대가 시작되기 전에 만들어진 것으로 추정됩니다. 아주 오랜 옛날에 만들어진 그릇입니다. 그런데 당장 현대미술관에 전시를 해 놓아도 전혀 이상해 보이지 않을 모양입니다. 흙으로 만들어졌다는 것만 빼고는 기하학적*인 형태로 단순하게 만들어졌기 때문입니다. 고대에 만들어진 토기라면 대체로 장식이 많거나 아주 오래되어 보여서 옛날을 상상하게 만듭니다. 그런데 이 토기는 현대 조각품이라고 해도 전혀 이상하지 않을 정도로 세련되어 보입니다.

일단 토기의 몸체부터 살펴보면 단순한 구 형태입니다. 작은 그림이나 장식 같은 것은 하나도 없이 깨끗합니다. 요즘에야 이렇게 단순하게 만들어진 그릇이 많아서 전혀 특이해 보이지는 않지만, 옛날 그릇 중 이렇게 아무런 장식이 없이 단순화된 형태는 거의 볼 수 없습니다. 토기는 흙을 빚어서 만들기 때문에 화려하게 장식하는 것이 그다지 어렵지 않았습니다. 그래서 옛날에는 그릇을 만들 때 표면에 장식을 새겨 넣거나 아예 장식적인 형태로 만드는 경우가 많았습니다. 이 토기의 뚜껑에는 그나마 새 모양이라도 있으니 장식적으로 만들어졌다고 할 수 있겠지만, 그조차도 매우 기하학적인 형태로 단순화되어 있습니다.

작지 않은 크기의 토기를 이렇게 만든 것을 보면 솜씨가 없었거나 기술이 부족해서가 아니라, 이런 형태를 만들겠다는 뚜렷한 목적을 가지고 만들었다는 것을 알 수 있습니다. 솜씨가 부족했다면 토기를 이렇게 구의 형태로 반듯하게 만들 수 없었을 것입니다.

보기와는 달리 좌우대칭이 반듯한 기하학적인 형태는 손으로 만들기가 대단히 어렵습니다. 그런 점에서 이 토기는 당시의 선조들이 '구' 형태를 '표현'한 것이라고 보는 것이 정확합니다. 그 오랜 옛날에 화려한 토기가 아닌, 이런 기하학적인 형태의 토기를 만든 이유는 무엇일까요?

그 이유를 알기 위해서는 뚜껑의 새 조각을 잘 살펴봐야 합니다. 뚜껑 역시 토기의 몸체처럼 장식 하나 없는 단순한 형태입니다. 옆면이 우아한 곡면으로 되어 있어서 둥근 몸체와 잘 어울립니다. 새 조각 아래쪽으로 토기 형태의 좌우대칭이 분명합니다. 그러다 보니 대단히 장식적으로 만들어지지는 않았지만, 뚜껑 위에 있는 새 모양이 두드러져 보입니다. 새도 아주 단순한 모양이지만, 그 어떤 장식적인 형태보다도 돋보입니다.

전체적으로 보면 최대한 단순하게 만들어진 토기의 몸통과 뚜껑은 작품대 같은 역할을 하고, 새 조각은 그 위에 올려져 있는 작품 같아 보입니다. 이 토기가 전체적으로 기하학적인 형태로 만들어졌던 데에는 이런 이유가 있었던 것입니다. 만약 토기의 몸체가 화려하고 장식적으로 만들어졌다면 맨 위에 있는 새 조각은 작품처럼 보이기는커녕 아주 볼품 없게 느껴졌을 것입니다. 보기와 달리 이 토기는 대단히 치밀하게 만들어졌다는 것을 알 수 있습니다. 고대의 토기나 조각들은 눈에 띄게, 아름답게 만드는 것이 일반적입니다. 이처럼 표현을 절제하고 기하학적인 형태는 보기 어렵습니다.

뚜껑 위에 만들어져 있는 새 조각도 그것을 입증하고 있습니다. 새의 모양이 사실적으로 조각되거나

1 기하학적 형태의 새 모양 조각이 달린 뚜껑과 토기
기하학적 '기하학'에 관련이 있거나 바탕을 두고 있는 것. '기하학'은 공간에 있는 도형의 성질, 즉 대상의 치수, 모양, 상대적 위치 등을 연구하는 학문의 한 분야이다.

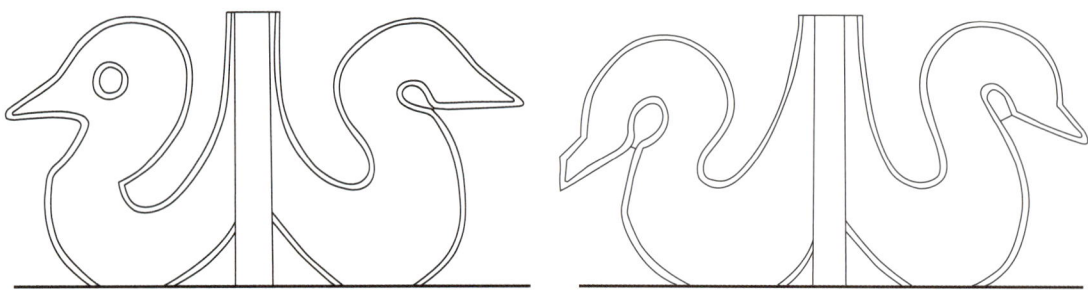

2

장식적인 모양으로 만들어지지 않았습니다. 그저 납작한 흙판을 몇 개의 곡선으로 이루어진 단순한 형태로 잘라 사방으로 붙여 놓은 게 전부입니다. 이렇게 이미지를 최대한으로 단순화한 것은 요즘의 캐릭터 디자인이나 현대미술에서 볼 수 있는 경향입니다.

이런 형태는 장식을 하기 위해서가 아니라 특징을 단순화하는 것을 목적으로 만들어집니다. 앞서 설명한 대로 이것을 현대미술에서는 '추상'이라고 하는데, 20세기 현대미술에서나 본격적으로 나타납니다. 게다가 이런 기하학적인 추상은 서양에서 주로 나타나며 동아시아에서는 보기 어렵습니다. 장식에만 치중해도 모자랄 그 옛날에 이렇게 수준 높은 표현을 했다는 것은 대단히 놀라운 일입니다. 그만큼 당시의 미학적 수준이 높았다는 것을 말해 줍니다.

물론 옛날이라고 해서 추상적인 형태가 만들어지지 말란 법도 없고, 동아시아라고 해서 기하학적 조형이 없으라는 법도 없습니다. 앞으로 좀 더 많은 것들이 밝혀지고 새로운 역사적 이론들이 나타난다면 궁금증은 더 해소될 수 있을 것입니다.

이 토기의 형태는 20세기 현대의 조형예술, 모더니즘Modernism*이라고 불리는 경향과 많이 일치합니다. 그런 점에서 이 토기는 삼한 시대, 원삼국 시대의 모더니즘이라고 해도 크게 틀리지 않을 것 같습니다. 적어도 이 토기만큼은 현대의 예술적 경향과 이어지는, 시대를 넘어서는 유물인 것만은 틀림없습니다.

---

2 기하학적 형태로 단순화된 새 모양의 조각
3 현대의 기하학적 디자인과 동일한 조형적 원리로 만들어진 새 조각이 있는 토기
모더니즘 1920년대 일어난 근대적인 감각을 나타내는 문학과 예술의 한 경향. 사상. 형식. 문체 등에서 전통적인 기반에서 급진적으로 벗어나려는 창작 태도로, 흔히 현대 문명에 대하여 비판적이다.

삼한 시대의 표현주의 추상

새 조각 뚜껑을 가진 토기 2

새 조각이 있는 뚜껑을 가진 토기를 하나 더 살펴볼까요? 몸통이 둥근 구 형태인 것은 앞의 유물과 거의 같은데, 뚜껑 위에 있는 새 모양이 아주 다릅니다. 마치 어린아이가 대충 만들어 놓은 것 같은 모양입니다. 토기의 몸통은 아주 정성 들여 만들고 정작 그 위에 올라가는 새는 성의 없이 만들었다는 것인데, 이해하기가 매우 어려운 디자인입니다. 이 뒤에 어떤 의도가 있는 것일까요? 아니면 정말 못 만든 것일까요?

원삼국 시대 · 토기

1

둥근 몸통 위에 뚜껑이 덮여 있고, 그 위에 새 조각이 있는 토기는 삼국 시대 이전에 많이 만들어졌던 것 같습니다. 앞에서 살펴본 기하학적인 형태의 새 모양과 유사한 구조의 토기가 더 있기 때문입니다.

몸통과 뚜껑의 모양이 거의 유사한데 뚜껑 위의 새 모양만 다른 토기가 있습니다. 몸통 표면에 약간의 무늬가 들어가 있는 것도 좀 다르기는 하지만, 토기의 형태는 앞서 살펴본 토기와 구조적으로 거의 비슷합니다. 단순한 구 형태의 몸체와 역시 단순한 모양의 뚜껑이 우아한 곡면으로 조화를 이루면서 마치 작품을 올려놓는 받침대 같은 역할을 하고 있고, 그 위에 새 조각이 작품처럼 시선을 끌고 있습니다.

그런데 넓고 평평한 뚜껑 위에 아주 작게 만들어져 있는 새 조각이 이 토기를 특별하게 만들고 있습니다. 아이가 장난으로 만들어 놓은 것처럼 매우 천진난만한 형태의 새 모양인데, 새를 기하학적인 모양으로 단순화하여 뚜껑 위를 꽉 채우게 만든 앞의 토기와는 완전히 반대의 모습입니다.

새의 모양을 단순화하여 표현하려면 먼저 새의 특징을 정확하게 이해해야 합니다. 누가 봐도 새라고 알아차릴 수 있는 모양을 만들어야 하기 때문에, 원형인 새의 특징을 잘 파악해야 하는 것이지요. 그렇게 파악한 특징을 가장 단순한 형태로 압축, 요약하여 만든 것이 앞 장의 토기 위에 만들어진 기하학적인 형태의 새 조각입니다.

거기에 비하면 이 토기 뚜껑 위의 새는 특징에 대한 이해의 과정 없이 그냥 만들어진 것 같아 보입니다. 많은 사람이 대체로 이런 모양을 소박하고 천진난만한 우리 전통문화의 특징이라고 말하곤 합니다.

---

1 표현주의적인 형태로 단순화된 새 모양이 있는 토기

그런데 이 토기의 몸체나 뚜껑을 자세히 보면 막 만들어진 게 아니라 상당히 계산적으로 만들어졌다는 것을 알 수 있습니다. 토기 몸체의 표면을 두드러지지 않게 은은한 질감으로 표현한 것이나, 뚜껑의 윗부분의 테두리를 톱니처럼 장식한 것도 그렇습니다. 그렇다면 새 모양 조각은 왜 손이 가는 대로 소박하게 만들었을까요?

이 새 조각을 보면, 모양이 거칠기는 하지만 누가 봐도 새라는 것을 알 수 있습니다. 새의 가장 중요한 특징인 날개가 없는 데도 그렇습니다. 이 작은 조각이 막 만들어진 게 아니라 새의 이미지를 정확하게 표현해 놓은 것임을 알 수 있습니다. 만듦새가 아니라 이미지를 중심으로 보면 이 새는 아주 잘 만들어졌습니다. 정말로 아이가 천진난만하게 막 만든 것이라면 새인지 돼지인지 특징을 알아보기 어려워야 합니다.

대상을 단순화한다는 것은 겉모양이 아니라 특징을 정확하게 요약, 정리하는 것입니다. 앞에서도 말했듯이 이것은 '추상'입니다. 새 모양을 기하학적인 형태로 단순화한 것도 추상의 한 유형입니다. 이런 방식의 추상을 보통 '기하학적 추상'이라고 합니다.

그런데 추상의 경향에는 하나가 더 있습니다. 바로 '표현주의적 추상'입니다. 현대 화가 마티스의 그림이나 피카소의 입체파 그림들이 대체로 여기에 속합니다.

2 뚜껑 위에 만들어진 새 모양의 조각

　이런 추상은 일반적으로 투박하고 거칠게 표현되는데, 그 이유는 형태의 '특징'이 아니라 형태의 '느낌'을 표현하기 때문입니다. 말하자면 형태의 특징을 이해한 다음 느낌대로 표현하는 것이지요. 이것은 분명한 '추상'입니다. 이 토기의 거친 새 모양은 표현주의 추상에 속하는 조각으로 볼 수 있습니다. 새의 이미지를 추상화해서 표현한 형태인 것입니다.

　새 모양이 들어가 있는 두 개의 토기는 묘하게도 두 가지의 서로 다른 추상성을 각각 표현하고 있습니다. 앞 장에서 살펴본 토기는 '기하학적 추상'의 경향을 보이고 있고, 이 장에서 다루고 있는 토기는 '표현주의적 추상'의 경향을 보이고 있습니다. 그런데 이것은 현대미술에서 나타난 추상적 경향과 그대로 일치합니다. 현대미술에서는 몬드리안이나 러시아 아방가르드*의 작품들을 통해 기하학적 추상이 표현되었고, 고흐나 마티스, 미로와 같은 화가들의 작품들을 통해 표현주의 추상이 표현되었습니다. 현대미술에서는 이 두 가지의 상반된 추상적 표현이 동시에 나타납니다.

　우연히 기하학적 추상이 나타날 수는 있고, 우연히 표현주의 추상이 만들어질 수는 있습니다. 그렇지만 두 가지 경향이 동시에 우연히 나타날 수는 없습니다. 새 조각이 있는 뚜껑의 토기들 뒤에는 뭔가 현대사회와 유사한 사회적 배경이 있었다고 볼 수밖에 없습니다. 하지만 너무나 오래

---

3 표현주의의 현대 회화

아방가르드 기성의 예술 관념이나 형식을 부정하고 혁신적 예술을 주장한 예술 운동. 또는 그 유파. 20세기 초에 유럽에서 일어난 다다이즘, 입체파, 미래파, 초현실주의 따위를 통틀어 이른다.

전이라 정확한 이유를 알기는 어렵습니다. 그 옛날에 어떻게 이런 추상적인 형태가 만들어질 수 있었는지는 앞으로 입증하고 풀어야 할 숙제이긴 하지만, 토기에서 분명히 그런 특징들이 나타나기 때문에 이 토기들을 추상 조형으로 보지 않는 것도 잘못된 일입니다.

어찌되었건 우리 역사에서 고대 국가가 등장하기 전에 벌써 이런 현대적인 추상성이 나타났다는 사실은 놀랍고도 자랑스러운 일임에는 틀림없습니다.

4 기하학적 추상의 현대 회화와 조각
5 표현주의 추상의 현대 회화와 조각

두 손으로 잡는 쇠뿔
뿔손잡이토기

마한 시대의 뿔 손잡이가 달린 토기는 옛날에 만들어진 것으로 보기 어려울 정도로 아름답습니다. 양쪽에 소뿔 모양처럼 생긴 손잡이는 분명 기능적인 이유로 만들어진 것이기는 하지만, 곡면의 형태가 아주 아름답습니다. 몸체의 둥근 곡면과 연결되어 토기 전체의 아름다움을 한층 더 높여 줍니다. 현대 디자인에서도 인체공학적 형태가 아름다워 보이기가 어려운데, 이 토기에서는 대단히 현대적이고 세련된 인체공학적 조형미를 볼 수 있습니다.

마한 시대 · 토기

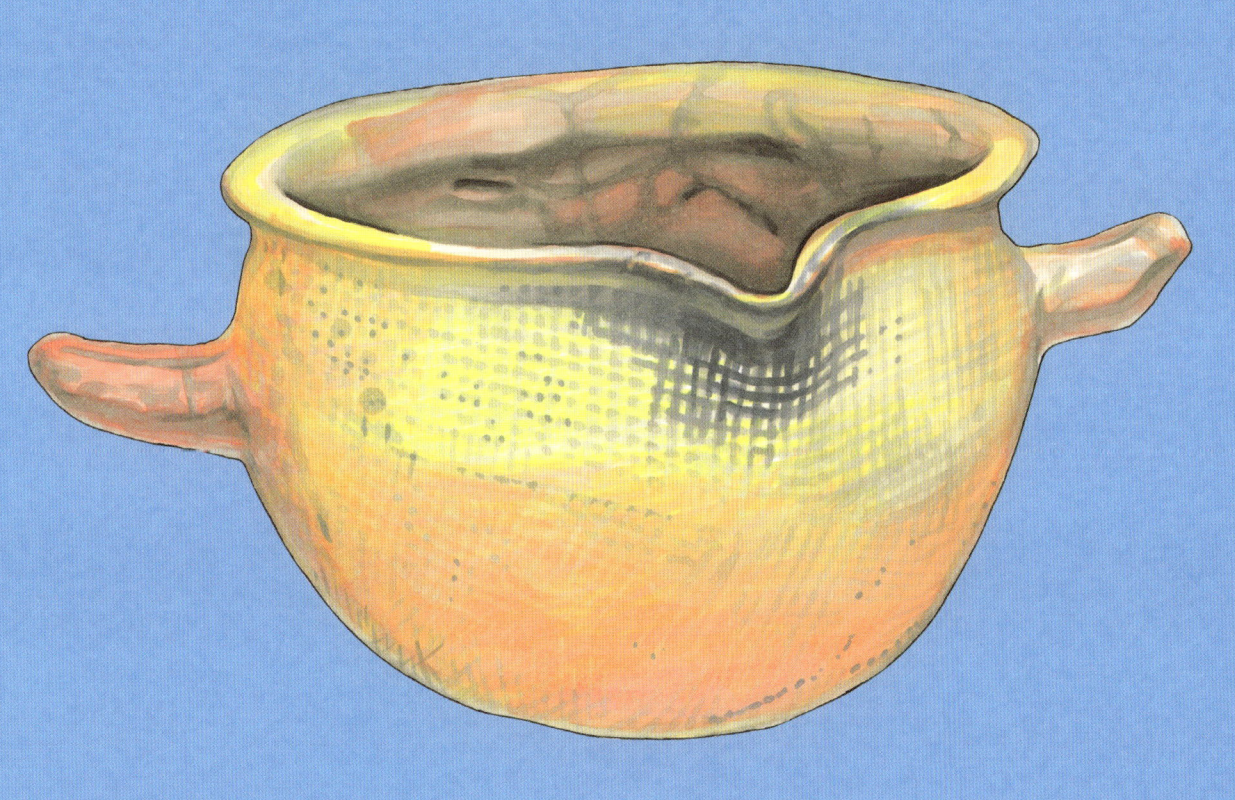

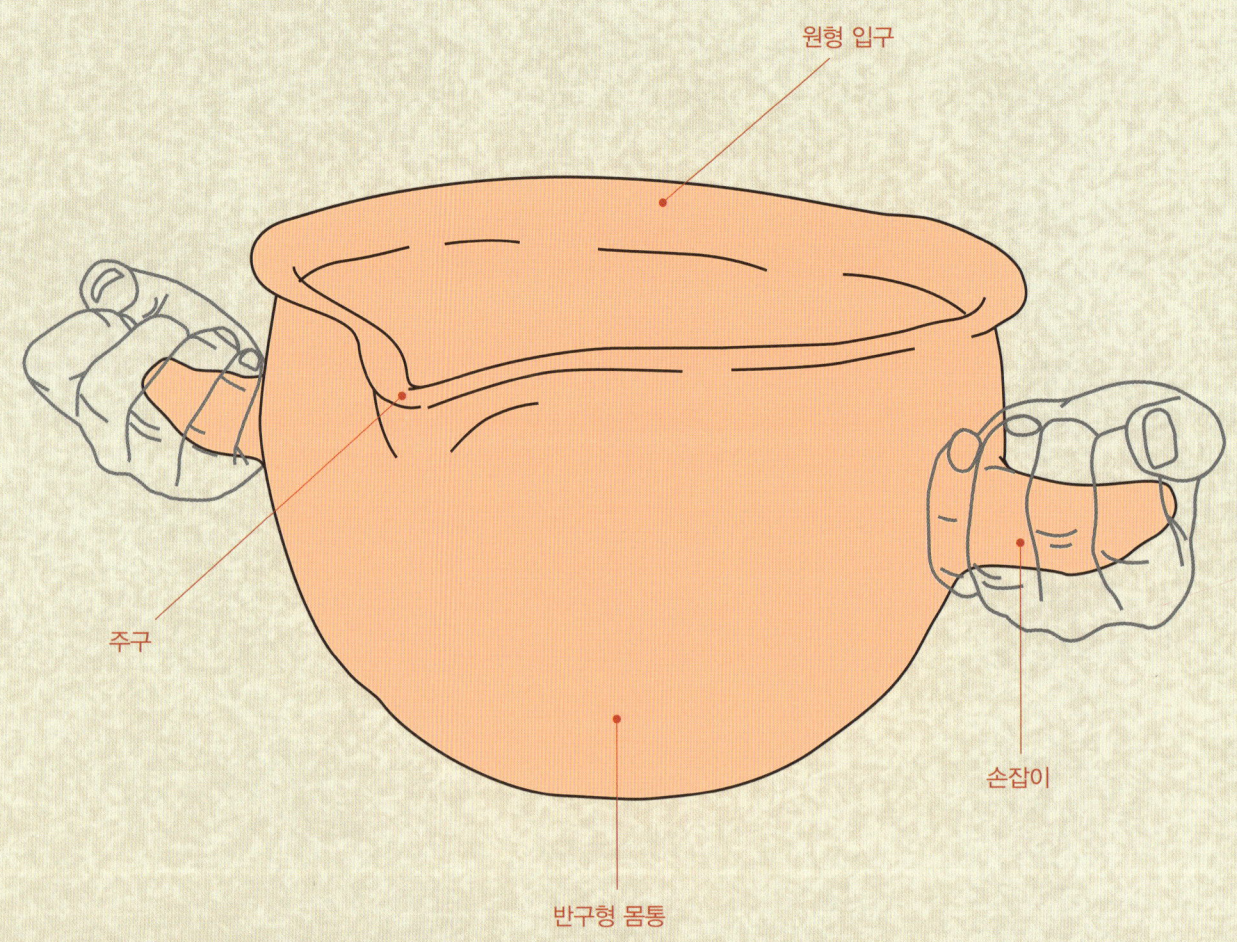

삼국 시대 초기까지의 토기들을 보면 대체로 실용성만 충실하게 만들어져 모양이 두드러지는 것이 별로 없습니다. 그런데 이런 토기들 중에서 좀 특이해 보이는 것이 하나 있습니다. 몸체는 반구 형태인데, 몸체 좌우 양쪽으로 뿔 같이 튀어나온 손잡이가 있어서 매우 독특해 보이는 토기입니다. 마치 소의 뿔처럼 생겨서 금방이라도 들이받을 것 같아 보입니다.

이 토기를 특별하게 만드는 소뿔과 같이 생긴 손잡이는 모양 때문이 아니라 실용성을 위해 만들어진 것입니다. 이 뿔 손잡이의 위치와 크기와 방향을 보면 이 토기가 어떤 용도로 사용되었는지 금방 알 수 있습니다. 그릇 양쪽에 수평으로 붙어 있는 손잡이를 두 손으로 잡으면 이 토기에 어떤 것들이 담겨도 두 손으로 쉽게 들 수 있습니다. 두 손을 앞쪽으로 회전시켜 토기를 기울이면 토기 입구의 튀어 나온 주둥이로 안에 들어 있는 내용물을 손쉽게 부을 수 있습니다. 아마도 이 토기는 액체 상태의 음식물이나 곡식류를 다른 용기에 나누어 부을 수 있도록 만들어진 그릇 같습니다. 그릇의 역할을 하기에 가장 적합한 형태로 만들어졌지요. 요즘 말로는 '기능주의 디자인'이라 할 수 있습니다.

그런데 이 토기에서 가장 눈에 띄는 것은 기능성을 넘어서는 아름다운 형태입니다. 이 토기는 전체적으로 직선이 하나도 없는 둥글둥글한 곡면으로만 만들어져 있습니다. 거기에 그릇의 모양이 반구 형태에 가까워서 전체적으로 단순하면서도 부드러운 느낌을 줍니다. 인상적인 것은 이렇게 부드러운 반구 형태의 그릇 양쪽으로 소뿔 모양의 손잡이가 붙어 있어서 수평적인 움직임의 느낌을 더하고 있다는 점입니다. 구조적으로는 안정적이고 단단한 느낌인데, 여기에 손잡이를 추가하여 수평의 변화를 더하고 있는 것이지요. 이 토기는 '변화'와 '통일'이라는 조형의 원리*를 충실하게 구현하고 있습니다.

토기의 반구형 몸통과 우아하게 휘어져 있는 뿔 모양의 손잡이가 어우러져 빚어내는 곡선의 흐름도 아주 아름답습니다. 이 토기가 세련되고 우아하게 보이는 것은 지저분한 장식 없이 곡면의 조화로만 이루어졌기 때문입니다.

1 뿔손잡이토기의 구조
조형의 원리 비례, 균형, 조화, 율동, 대비, 강조, 변화, 통일 등 조형 요소들을 배치하고 조합하는 방식

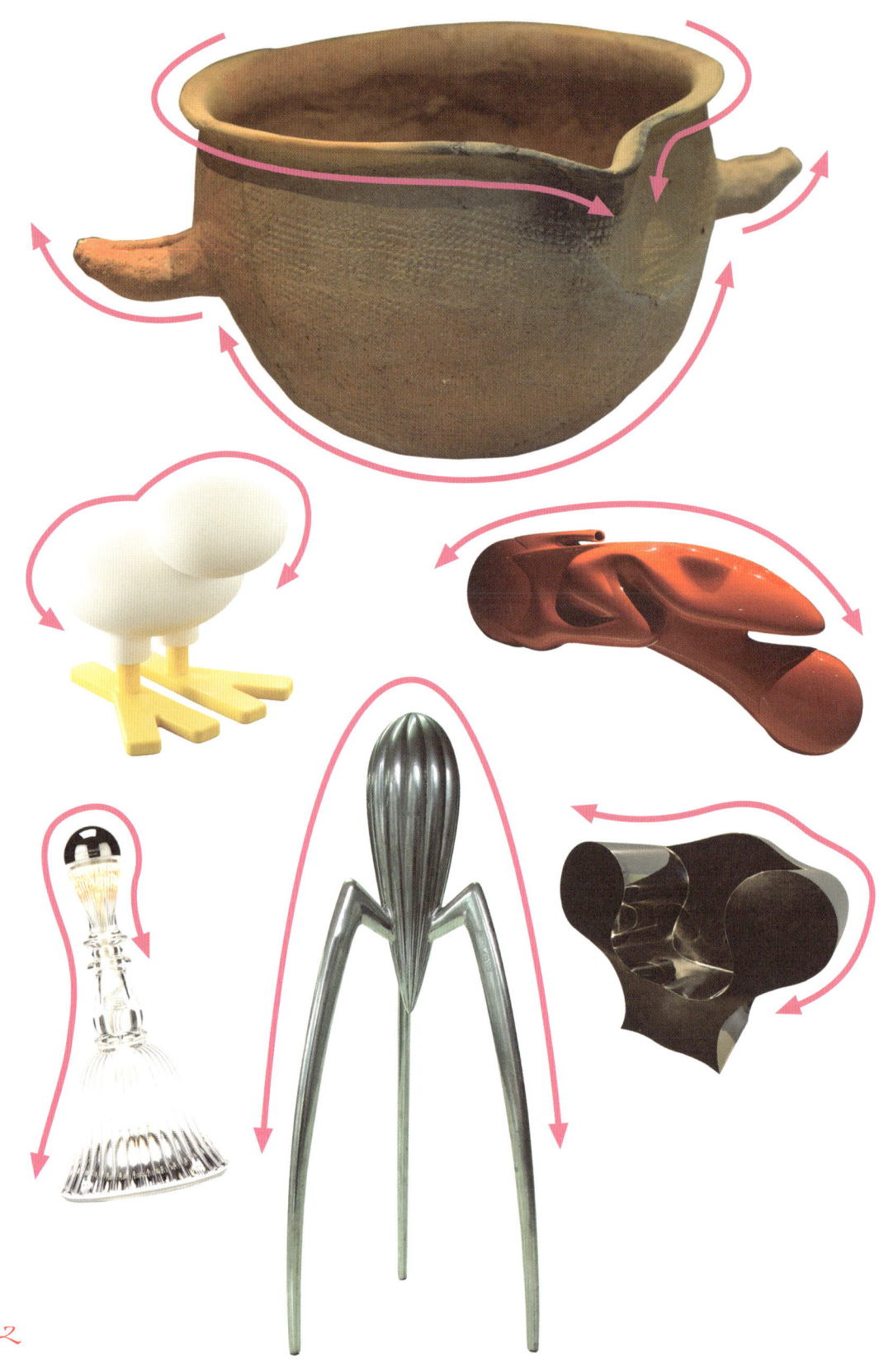

토기 입구의 둥근 곡선에서부터 토기 몸통의 우아한 곡면, 손잡이의 비대칭이면서도 입체적인 곡면의 아름다움에 이르기까지 모든 부분이 자연스럽게 연결되는 느낌으로 만들어졌습니다. 그래서 그 어떤 화려한 장식이 들어간 형태보다도 아름답습니다. 흙으로 빚어진 것만 뺀다면 현대에 디자인된 많은 제품과 비교해 보아도 손색이 없어 보입니다.

　　이렇게 장식 없이 순전히 곡면의 변화만으로 아름다운 형태를 표현한 것은 현대 디자인에서도 유선형* 디자인이 나타나기 시작한 뒤부터였습니다. 유선형은 자동차나 비행기에서 비롯된 형태인데, 현대 디자인의 독특한 유형으로 발전했습니다.

　　유선형에서 시작된 곡면 형태의 디자인들을 보면 대부분 장식이 없이 표면이 깔끔하며, 흐르는 곡면의 리듬이나 비례의 변화를 통해 형태의 아름다움을 극대화합니다. 그래서 현대 디자인의 한 스타일로 자리를 잡았는데, 많은 디자이너가 이런 유형으로 수많은 명품 디자인을 배출하고 있습니다. 이런 스타일이 마한 시대에 이미 등장했고, 현대 디자인에 전혀 뒤지지 않을 정도로 아름다운 제품들이 만들어졌다는 사실은 대단히 놀라운 일입니다. 그래서 우리는 이 토기를 단지 박물관 안에 전시된 유물로만 볼 게 아니라 시간과 공간을 넘어서는 보편적 아름다움을 가진 현대적인 조형예술로도 보아야 하지 않을까 싶습니다.

　　뿔손잡이토기와 같은 모양의 토기는 조금씩 다른 형태로 많이 만들어졌습니다. 각각의 형태에 따라 기능이나 조형성이 조금씩 달라서 재미있습니다(그림 3).

　　첫 번째 토기는 반구형의 몸체를 기본으로 하고 그 윗부분이 약간씩 좁아지는 구조의 토기인데, 상당히 안정감이 있어 보이고 기능적으로도 뛰어납니다. 손잡이도 끝부분이 뾰족하지 않고 단면이 잘려 있어서 시각적으로 단정해 보이고 힘이 있어 보입니다. 손잡이 아래쪽의 형태는 거의 구와 같은 모양으로 만들어져 있어서 부드러우면서도 기하학적인 형태의 단순함을 잘 보여주고 있습니다. 요즘 생산되어도 손색 없는 디자인입니다.

　　두 번째 토기는 몸통이 긴 유형인데, 양동이를 연상케 하는 모양입니다. 좀 더 많은 양을 담을 수 있게 만들어진 것으로 보입니다. 수직으로 긴 몸체에 손잡이가 달렸는데, 그래서 단단해 보이기도 하고, 곡면으로 만들어진 토기에 비해 직선의 느낌이 강합니다. 몸체의 수직적인 느낌에 수

2 뿔손잡이토기와 현대 디자인 제품들의 아름다운 곡면
유선형 물이나 공기의 저항을 최소한으로 하기 위하여 앞부분을 곡선으로 만들고, 뒤쪽으로 갈수록 뾰족하게 한 형태

평으로 붙어 있는 손잡이가 매우 강하게 대비되어 보이는 것도 인상적입니다. 몸체와 대비되는 손잡이의 크기나 방향 때문에 다른 모양의 토기에 비해 형태가 매우 돋보입니다. 다만 전체적인 아름다움은 앞의 토기보다 조금 덜 한 것 같습니다.

세 번째 토기는 반구 모양의 몸체에 소뿔처럼 생긴 손잡이가 붙어 있는 토기입니다. 이런 류의 토기 중 가장 대표적인 형태입니다. 가장 기하학적인 형태로 정리된 디자인이라서 전체적인 느낌이 단단하면서 단순해 보이는 장점이 있습니다. 여기에 비대칭적인 모양의 손잡이가 수평으로 붙어 있어서 안정감을 유지하면서도 매우 강렬하고 짜임새 있어 보입니다. 전체적으로 곡면이 자연스럽게 연결되어 이런 류의 토기 중에서 가장 조화로우면서 예뻐 보입니다. 유선형의 아름다움이 뛰어나다고 해야 할까요. 그래서 요즘의 시각에서도 낯설지 않고, 매력적으로 다가오는 토기입니다.

이렇게 기능적으로도 조형적으로도 뛰어난 디자인의 토기를 이미 고대국가가 등장하기 이전부터 사용했다는 사실을 통해 우리 문화가 얼마나 뛰어났었는지를 다시 한번 깨닫게 됩니다.

3 몸통의 위쪽이 좁아지는 뿔손잡이토기, 양동이 모양의 뿔손잡이토기, 반구형 모양의 뿔손잡이토기